몸,
소통,
치유

몸문화연구총서 No. 7

몸, 소통, 치유

몸문화연구소 편

쿠북

몸문화연구총서 No. 7

몸, 소통, 치유

1판 1쇄 찍은날 2015년 5월 15일
1판 1쇄 펴낸날 2015년 5월 20일
지은이 김종갑 외
펴낸이 송희영
펴낸곳 **쿠북**(건국대학교출판부의 패밀리 브랜드입니다.)
등록 / 제 4-3 호(1971. 6. 21)
주소 / 143-701, 서울시 광진구 능동로 120 건국대학교 출판부
전화 / (02)450-3891~3
팩스 / (02)457-7202
홈페이지 / http://press.konkuk.ac.kr
e-mail / press@konkuk.ac.kr

책임편집 박명희
찍은곳 ㈜동화인쇄공사

정가 15,000 원

ISBN 978-89-7107-588-3 94110
ISBN 978-89-7107-544-9 (세트)

이 도서의 국립중앙도서관 출판예정도서목록(CIP)은 서지정보유통지원시스템 홈페이지
(http://seoji.nl.go.kr)와 국가자료공동목록시스템(http://www.nl.go.kr/kolisnet)에서
이용하실 수 있습니다. (CIP제어번호: CIP2015012799)

머리말

몸이란 무엇인가?

I ....

몸이란 무엇인가? 몸문화연구소는 이 질문에 답하기 위해서 2007년에 설립된 연구소이다. 그러나 몸이란 무엇인가?라는 질문에 답하기는 쉽지 않다. 이 질문은 또 다른 많은 질문들과 더불어서 대답되어야 할 성질의 질문이기 때문이다. 몸의 본질을 묻는 질문은 마음, 정신, 영혼, 육체, 신체와 같은 개념들과 복잡하게 엮여 있다. 그러한 개념적 규정이 성공적으로 수행된다고 의문이 잠재워지는 것은 아니다. 몸으로 무엇을 하는가? 몸은 어떻게 재현이 되는가? 몸으로 어떻게 소통을 하는가? 몸이 어떻게 자본화되는가?와 같은 질문들이 기다리고 있기 때문이다.

2014년에 연구소는 몸을 통한 표현과 소통, 치유를 연구의 주제로 삼았다. 아래에서 각 글의 내용을 간단히 소개하기로 한다.

II ....

먼저 〈몸의 지형학—몸, 육체, 신체, 살〉에서 김종갑은 몸이란 무엇인가?라는 질문을 언어의 관점에서 접근한다. 몸은 매우 애매모호한 개념으로, 확실한 의미의 경계가 없이 혼란스럽게 사용되는 경향이 있다. 우리는 육체나 신체, 육신, 살과 같은 어휘를 글의 맥락이나 우리의 취향에 따라서 임의적으로 사용하곤 한다. 그렇다면 몸에 관한 연구를 심화하기 위해서 가장 먼저 필요한 작업은 용어의 통일이 아닐까? 이 글의 필자는 대중매체를 중심으로 이들 용어가 사용되는 맥락과 용법을 점검한 다음에, 이들의 개념적 차이가 분명하게 드러나도록 정의를 내리는 작업을 시도하였다. 이 연구는 앞으로 몸 연구의 심화를 위한 준비 작업으로서 의미를 가진다.

몸이 없으면 행동할 수 없다. 몸은 곧 행동이라고 말해도 과언이 아니다. 그렇지만 이와 같이 중요한 행동이 과연 무엇인지에 대한 논의가 행해진 적이 없었다. 우리나라에는 잘 알려지지 않았지만 모리스 블롱델Maurice Blondel(1861~1949)은 행동의 철학을 전개한, 프랑스 철학사에서 꽤 비중이 큰 인물이다. 〈자유와 인격의 구성에서 몸의 기능〉에서 이근세는 블롱델의 행동철학의 윤곽을 제시하고, 그러한 철학적 입장에서 자유와 인격의 구성에서 몸이 갖는 기능과 의미를 다루었다. 블롱델에게 행위는 자유이다. 모든 행위는 선행하는 원인에 의해서 결정된다는 반론이 있을 수 있다. 그렇지만 블롱델은 그러한 규정이 자유를 통해서만 실재성을 갖는다고 주장한다. 사르트르의 말처럼 인간은 자유에 선고된 존재이다. 그리고 자유는 의지적 행동으로서 몸을 통해 표현됨으로써 인격을 구성할 수 있다. 이 글의 저자는 자유의 문제를 다루고 인격의 구성에서 행동을 통한 몸의 역할을 설명하였다.

몸이 없으면 행동할 수 없지만 몸이 없으면 생각과 감정의 표현도 불가능하다. 현대사회는 표현 사회라고 불린다. 이 점에서 현대사회에서 몸이 가진 중요성이 부각된다. 〈사회적 몸은 가능한가?〉의 저자 정지은은 먼저, 벤야민의 〈기술복제시대의 예술작품〉을 거론하면서 현대에는 감상자는 감소하는 대신 표현의 욕구를 가진 사람들은 급증하게 될 것이라고 진단한다. 그렇지만 표현의 과잉이 반드시 의미의 과잉을 뜻하지는 않는다. 넘치도록 분출하는 표현이 의미의 곤궁을 가져올 수 있는 것이다. 이러한 의미의 곤궁을 지적하면서 저자는, 메를로-퐁티가 몸짓이나 표현으로 외화된 외재성을 자신의 인격으로 삼는 주체를 강조하였다는 사실을 상기시킨다. 그러한 외재성을 통과하지 않으면 나와 타인의 관계가 불가능하다는 것이다. 메를로-퐁티는 후설을 비판하면서 의미는 사유가 아니라 몸짓의 수용과 모방에 의해 자발적으로 생성한다고 보았다. 즉 의미는 몸을 가진 주체만이 가능한 상호주관성인 것이다. 이 글에서 저자는 메를로-퐁티를 중심으로 몸짓의 교환과 교차의 사회적 의미를 규명하였다.

얼굴이란 무엇인가? 얼굴을 보면 그 사람의 인격과 내면을 알 수 있다고 한다. 그래서 40이 넘으면 자기 얼굴에 책임을 져야 한다는 말도 나왔을 것이다. 그렇지만 〈얼굴 형상 지워 내기로서의 소수자성〉에서 윤지영은 그러한 얼굴이 하나의 가면, 상징적 마스크에 지나지 않는다고 주장한다. 그녀의 페미니즘적 입장에 따르면 얼굴은 아버지의 법질서인 상징질서를 견고하게 하는 마스크이다. 저자는 우리가 이러한 상징적 마스크를 가지고 살아간다는 점을 강조한다. 이미 우리의 얼굴 자체가 가부장적이고 억압적이며, 얼굴에 소수에 대한 다수의 횡포가 존재하는 것이다. 그렇다면 어떻게 하면 다수에 의해 억압된 소수의 목소리를 들을 수 있을 것인가? 저자는 가부장적 얼굴 형상을 지워 내고 무너뜨릴 때에 비로소 소수자성이 도래할 수 있다고 주장한다. 저자에 의하면 소수자는 핍박받는 타자가 아니라 바로 우리 자신을 구성하는 유동적 포지션이다. 그것은 새로운 주체화 양태를 열어젖히는 경로이다.

다양한 학문 가운데 몸과 가장 무관할 것 같지만 몸과 가장 가까이 있는 학문의 하나가 법학이다. 법이란 무엇인가? 옳고 그른 행동을 구분하는 제도적 장치가 아닌가. 법은 공평무사한 정의의 실현을 위해서 피도 눈물도 없어야 한다는 주장이 근대 법의 정신이다. 법은 감성이 아니라 이성이어야 하는 것이다. 그런데 〈정의의 문제〉에서 서윤호는 그와 같이 피도 눈물도 없이 합리성을 지향하는 법이 간과하고 있는 무엇에 눈길을 돌린다. 그리고 그는 그 무엇을 미학적 정의론이라고 명명한다. 이 글에서는 저자는 전통적인 정의론의 내용과 문제가 무엇인지, 현대의 정의론은 어떤 방식으로 정의의 문제에 접근하고 있는지, 또 새로운 정의론의 가능성으로서 미학적 정의론은 어떠한 논의를 담고 있는지 살펴보았다.

우리는 몸을 가지고 있기 때문에 세계와 만나고 세계와 소통하기도 하지만 몸을 가지고 있기 때문에 고통을 앓기도 한다. 정신분석학에서 몸은 욕망이며 증상이다. 증상을 치유하는 것이 정신분석가의 몫이다. 그러한 증상을 가진 환자와 상담하고 치료도 하는 이수진은 〈욕망, 몸의 증상, 그리고 치유—라캉의 관점에서 본 프리다 칼로의 삶〉에서 프리다 칼로의 삶과 작품을 대상으로, 현대인이 자신을 고통 속으로 몰아넣었던 증상을 통해 대타자의 소외적 요소를 극복하는 '증상을 통한 증상의 극복'이 가능하다고 주장한다. 프리다 칼로는 누구인가? 18살의 꽃다운 나이에 당한 불의의 교통사고로 온몸이 부서진 여자가 아니었던가. 저자는 프리다 칼로를 통해 우리가 소외된 몸의 욕망에서 벗어나 진정한 자신의 욕망과 조우함으로써 치유의 모습을 발견할 수 있다는 것을 보여주고 있다.

몸문화연구소에서 가장 독특한 이력을 가진 연구자가 이건호이다. 그는 한의학을 공부한 다음에 서양의학으로 방향을 바꿔 박사학위를 취득하고, 그것으로도 성에 차지 않아서 미국에 건너가 뇌과학을 공부한 인물이다. 그의 삶 자체가 동양의학과 서양의학, 인문학과 과학의 만남이다. 〈몸짓에 깃든 마음의 리듬〉에서 이건호는 몸짓은 마음이 드러나는 그릇이고, 그릇에 담긴 물의 출렁거림이 몸짓이라고 주장한다. 그리고 그 출렁거림은 몸과 마음이 처한 상황에 따라 다양하게 표출된다는 점을 지적한다. 이렇게 표출되는 출렁거림에는 저마다의 리듬이 있다는 점을 상기시키면서 저자는 이 리듬을 파헤치면 몸의 상태, 나아가서 몸이 그러하게 만든 마음의 상태를 읽어 볼 수도 있다고 주장하였다.

총서에 실린 마지막 두 개의 글은 영화와 문학작품을 통해서 몸을 논의한 것이다. 우선 국문학자인 임지연은, 서정주와 함께 ≪시인부락≫ 동인으로 활동하다가 1948년에 월북한 시인 오장환(1918~)을 논의의 대상으로 삼는다. 〈병든 몸 · 치유되는 몸 · 윤리적인 몸 — 오장환의 시를 중심으로〉에서 저자는 오장환의 시세계에서 '몸'은 핵심적 동력이며 일관된 시적 방법이라는 점을 지적하면서, 그의 시의 '병든 몸'의 의미와 그 변화과정을 살펴봄으로써 현실을 포괄하는 윤리적 주체 구성의 시적 과정을 검토하였다. 오장환의 시는 해방기를 기점으로 하여 초기 시와 후기 시로 구분할 수 있는데 '몸'의 의미가 첫째, 비판하는 병리적 몸에서 치유되는 윤리적 몸으로, 둘째, 부정적 시선 주체에서 행동하는 생명 주체로 변환되어 가는 과정을 확인할 수 있다고 한다.

임지연이 해방 전후에 활동했던 시인 오장환의 병든 몸을 논의했다면 주기화는 미래의 몸, 특히 인간과 기계의 경계가 사라지는 포스트휴머니즘 시대의 몸을 논의하였다. 〈영화 〈그녀〉에 나타난 포스트휴먼의 사랑〉에서 저자는, 2014년에 개봉되어 평단의 많은 관심을 끌었던 SF 영화 〈그녀〉를 통해, 인간이 기계를 사랑하는 법을 배워야 한다고 주장하였다. 저자는 인간과 기계의 차이 및 관계에 관한 논의를 출발점으로 해서, 기계가 진화론적 존재로서 인간과 동등한 비인간 행위자이며 서로 공진화 관계에 있다는 점을 밝혔다. 저자에 따르면 인간과 기계의 관계는 일방적이지 않다. 양자가 서로 영향을 주고받으면서 공진화하는 과정에 있다.

III.

이 책은 몸문화연구소에서 일곱 번째로 발간하는 총서이다. 우리 연구소는 매년 새로운 주제를 정하고, 그것을 대표하는 저서와 논문들을 매달 읽고 토론한 다음에, 학술대회를 거쳐서 그 결과물을 총서로 펴내고 있다. 이 외에도 연구소는 기획서로 다양한 책들을 출간하고 있다. ≪내 몸을 찾습니다≫나 ≪내 친구를 찾습니다≫와 같이 청소년을 위한 책들, ≪우리는 가족일까?≫나 ≪권태: 지루함의 아나토미≫와 같은 교양서를 비롯해서 은행나무 출판사의 마이크로 인문학 시리즈가 그 대표적 예들이다. ≪몸, 소통, 치유≫에 실린 글을 준비하느라 땀과 시간을 아끼지 않았던 연구원들에게 감사를 드린다. 특별히 이 총서의 기획을 맡아서 두세 배로 수고를 했던 서길완 선생님, 우리의 연구가 현재와 같이 완성된 모습으로 출간될 수 있도록 도움을 준 건국대학교출판부의 박명희 선생님, 끝으로 이 책의 발간을 지원해 준 건국대학교에도 감사의 마음을 전한다.

몸문화연구소

소장 김종갑

차 례

몸의 지형학
—몸, 육체, 신체, 살

이 글에서 필자는 육체, 신체, 살과 같이 몸을 지칭하는 다양한 용어들이 우리말에서 사용되는 맥락과 용법을 살펴보고, 그것을 기초로 이러한 용어들 사이에 분명한 경계가 드러나도록 이에 대한 정의를 내렸다. 이러한 연구는 앞으로 몸 연구의 심화와 소통을 위한 준비 작업으로서 의미를 가진다.

김종갑

인간은 언어를 벗어나서 살 수가 없다. 인간은 언어라고 말해도 과언이 아닐 것이다. 언어의 중요성을 깨달았던 독일의 계몽주의 철학자 헤르더는 '말하는 인간' 호모 로쿠엔스Homo loquens라는 개념을 처음으로 제시하였다. 이야기하는 인간이라는 의미의 호모 나랜스homo narrans라는 용어도 있다. 우리는 말하지 않고는 살 수가 없다. 그런데 역설적으로 들리겠지만 바로 그러한 이유로 인해 우리에게 필수불가결한 언어로 불필요한 혼란과 오해가 초래된다. 우리가 똑같은 삶의 환경에 있지 않으며 또 똑같은 필요에 직면하지도 않는데다가 이름과 대상이 반드시 일대일로 상응하거나 일치하지도 않기 때문에 모든 인간에게 보편적인 언어가 불가능하다.

'초록은 동색'이라는 속담이 있다. 과연 풀색과 녹색이 똑같을까? 초록이 동색이라는 말은 풀색이 녹색과 동의어라는 말이라기보다는 '처지가 비슷한 사람들이 함께 어울린다'는 인간적 의미를 가지고 있다. 신경림은 〈파장罷場〉에서 "못난 놈들은 서로 얼굴만 봐도 흥겹다"고 노래하였다. 그런데 하나부터 열까지 처지가 똑같은 사람이 존재하지 않듯이 색깔이 완전하게 일치하는 풀잎도 존재하지 않는다. 중요한 것은 완벽한 동일성이 아니라 흡사함, 즉 유사성이다. 그것도 양자가 가진 모든 유사성이 아니라 특정한 성질의 유사성이다. 이러한 이유로 비트겐슈타인은 가족 유사적family resemblance이라는 개념을 제안하였다. 풀색과 녹색은 검정이나 빨강, 흰색, 갈색 등이 아닌 성질을 공유하고 있기 때문에 초록이 동색이라고 말할 수가 있는 것이다. 마찬가지로 지위가 높거나 부자가 아니라는 점에서 서로 일치하기 때문에 서민들은 '서로 얼굴만 봐도 흥'겨운 것이다.

어휘나 개념의 동일성과 유사성, 엄정한 확실성과 애매모호함은 사실 동전의 양면이라 할 수 있다. 우리는 유사한 것을 동일한 것으로 간주하고 언어를 사용한다. 그러면서도 유사한 것이 완벽하게 동일하지 않다는 것을 모르지 않는다.

개념 정의가 가장 어려운 어휘 중의 하나가 몸이다. 몸이란 무엇인가? 이 질문에 대답하기 위해서 먼저 몸의 의미를 언어적으로 생각해 보기로 하자. 몸이라는 소리는 그것에 상응하는 의미가 수반되지 않으면 소음에 지나지 않는다. '아'인지 '어'인지 구별할 수 없는 식별 불가능한 소리가 소음이다. '아'와 '어'가 구별되고 차이가 나야만 언어의 자격을 갖는다. 그러나 그러한 차이만 가지고는 언어가 기능하지 않는다. 한편에 차이가 있다면, 다른 한편에서는 동일성이 뒷받침해 주어야 한다. 비슷한 말과 반대말이 공존해야 하는 것이다. 어부와 어민은 음가가 상이함에도 불구하고 같은 의미를 지니고 있지만 농부나 농민과는 대조되는 지점에 있다. 몸이 무엇인지 정의하기 위해서는 먼저 그것의 유의어와 반대어로부터 시작해야 한다.

몸과 의미가 비슷하거나 반대되는 어휘는 매우 많다. 어휘가 많다는 것은 그만큼 몸이 우리 삶과 관심의 중심에 있다는 말이 된다. 반면에 어휘의 다양성과 풍성함은 그것의 정의를 어렵게 하는 원인이 된다. 육체, 육신, 신체, 체구, 체격, 형해形骸, 형구形軀와 같은 몸의 유의어를 생각해 보라. 반대 계열에 있는 어휘도 만만치 않다. 넋, 영, 영혼, 정령, 정신, 혼백, 혼령, 기백, 마음, 생각, 의식과 같은 말들은 자주 입에 오르내린다. 이처럼 비슷하거나 대조되는 어휘는 다른 것과 어떤 관계를 가지고 있을까? 육체가 몸과 유의어 계열에 있다고 해서 몸=육체라고 말할 수가 있을까? 그러나 양자의 의미 영역과 쓰임새는 정확하게 일치하지 않는다. 동일하다면 '몸 둘 바를 모르다'라는 관용어에서 '몸'을 '육체'로 대체해도 무방할 것이다. 또 몸의 반대어는 어떠한가? 정신이나 마음이 똑같이 몸과 반대되는 의미 축에 있다고 말할 수 있을까? 몸가짐과 마음가짐에서 몸과 마음은 대립관계에 있다. 그러나 '마음에 들다'나 '마음을 먹다'와 같은 표현에서 마음을 몸으로 대체하면 그것과 대립되는 의미가 탄생하는 것이 아니라 아예 그러한 표현 자체가 성립하지 않는다. 의미와 쓰임새가 일치하지 않는다.

유의어와 반의어 계열로 몸을 분류해서 정의하려는 시도는 성공보다는 실패의 가능성이 더 많은 듯이 보인다. 적국과 우국 영토의 경계처럼 몸이나 육체, 정신, 마음과 같은 어휘들의 경계가 간결하고 분명하게 나뉘지는 않는다. 영토와 달리 언어의 경계는 불확실하고 유동적이며, 그것에 주어지는 맥락에 따라서 예상치 못한 의미와 쓰임새를 갖기도 한다. 이러한 이유로 비트겐슈타인은 언어의 의미는 주어지는 것이 아니라 그 쓰임새에 있다고 주장하였다.

그러나 우리는 몸에 대한 어휘가 풍부하며 그것의 경계가 애매모호하다는 사실을 부정적인 현상이 아니라 긍정적인 현상으로 보아야 한다. 몸은 외연과 내연이 선명하고 분명한 개념어와는 거리가 멀다. 예컨대 몸에 비하면 사용 빈도수가 낮은 '육체'나 '신체'가 개념어적 성격을 더욱 많이 가지고 있다. 그러나 몸처럼 일상적으로 빈번하게 사용되는 말들은 의미와 쓰임새의 진폭이 매우 광범위해서, 심지어 반대어와도 공유하는 몫을 가지고 있다. '한 몸이 되다'나 '제 몸이 중이면 중의 행세를 하라'와 같은 관용어에서 전자의 몸은 마음으로, 후자의 몸은 신분으로 대체될 수 있다. 몸=마음, 몸=신분이 되는 것이다. 우리는 이와 같이 몸과 마음의 경계가 해소되는 의미 지대가 있다는 사실에 유의해야 한다. 앞으로 상설하겠지만, 이러한 의미의 중첩은 몸에 관한 정의의 핵심을 이룬다. 몸 자체는 지극히 애매모호한 것이다. 그 이유를 찾기는 어렵지 않다. 육체와 달리 몸은 일상의 구체적인 맥락과 뗄 수 없이 맞물려 있다. 비유적으로 육체가 실험실에 갇힌 몸이라면 우리가 말하는 몸은 일상의 지평에 있다. 몸은 일상의 맥락과 분리될 수 없기 때문에 개념어로 환원되지 않는 것이다. 육체나 정신, 물질과 같은 개념은 그러한 맥락을 사상시킴으로써 추출되는 결정체라 할 수 있다.

합성어를 보면 몸의 경계가 얼마나 신축성이 있고 탄력적인지 알 수 있다. 영어의 'everybody'는 어원적으로 'every'와 'body'가 결합한 꼴이지만 합성어가 되는 순간에 그것은 물리적 변화가 아니라 화학적 변화를 겪는다. 몸이 곧 사람이 되는 것이다. 우리말에는 영어와 비교할 수 없을 정도로 몸의 합성어가 풍부하다. 몸단장, 몸매, 몸무게, 몸부림, 몸소, 몸싸움, 몸조심, 몸집 등의 어휘가 모두 '몸'과 결합한 형태이다. 그러한 합성의 결과로 몸은 그리스 신화의 프로테우스처럼 변화무쌍한 변용을 보인다. 몸부림에서 몸이 고통의 표현이라면 몸매의 몸은 관조의 대상이고, 몸무게의 몸은 물리적 성격을 가지고 있다. 몸무게가 사람과 돌, 돼지의 차별을 두지 않는 반면에 몸매에는 성적인 함의가 가득하다. 다시 말하자면 몸에 대한 논의에는 이와 같이 다양한 맥락들이 충분히 반영되어야 한다. 몸은 단수이면서 동시에 복수이다.

대중매체에 나타난 몸 관련 용어

몸을 개념적으로 정의하기 전에 일상에서 몸 관련 어휘가 쓰이는 모습을 살펴보기로 하자. 일상에서 몸이라는 말을 어떻게 사용하는가? 신문에서 용례를 찾는 것에 이의를 제기할 독자는 없을 것이다. 몇몇 기사를 소개하기로 한다. 2014년 4월 2일 자 ≪동아일보≫는 비만과 당뇨병 치료를 소개하는 기사를 실었는데, 흥미롭게도 몸과 신체, 육체와 같이 우리에게 친근한 몸의 유의어가 문맥에 따라서 다양하게 배치되고 있다. “신체노화를 막는”, “육체 피로, 눈의 피로”, “콜레스테롤 등 몸속에 나쁜” 물질(1). 2014년 3월 8일 자 ≪동아일보≫의 부부에 관한 기사에도 세 어휘가 다음과 같은 문장에 등장하였다. “아내를 온 마음으로 사랑하지만 안타깝게도 몸으로 직접 사랑을 나눌 여유는 없다.” “K 씨와 L 씨는 신체기능에 문제가 없는 건강한 남녀다.” “육체적 접촉이 점차 희귀한 일이 되고 있는 것이다.” 이 외에도 우리는 ‘비대한 육체’, ‘둔중한 몸집’, ‘마른 몸’, ‘건강한 신체에 건강한 정신’, ‘정신신체의학’과 같은 표현을 자주 접하며, “신체의 유연성과 마음의 이완”, “마음과 신체를 변화시키는 혁명적인 책”, “영의 생각, 육신의 생각”, “병든 육신”과 같은 제목의 책도 발견할 수 있다.

이러한 용례를 가지고 다음과 같은 사유 실험을 해 보기로 하자. 2014년 4월 2일의 기사에서 신체와 육체, 몸의 어휘를 다른 방식으로 배치하고 새로운 구절을 만들어 보자. 신체 노화를 몸 노화나 육체 노화로, 육체 피로를 몸 피로나 신체 피로로, 몸속의 나쁜 물질을 육체 속의 나쁜 물질 등으로 표현을 전환하는 것이다. 2014년 3월의 기사는 어떠한가? "아내를 온 마음으로 사랑하지만 안타깝게도 육체/신체로 직접 사랑을 나눌 여유는 없다." "K 씨와 L 씨는 몸/신체 기능에 문제가 없는 건강한 남녀다." "몸적/신체적 접촉이 점차 희귀한 일이 되고 있는 것이다." 원래 신문의 쓰임새로부터 어떠한 변화가 생기게 되었는가? 새로운 표현에서 우리가 얼마나 수용할 수 있을까? 이 두 질문의 관점에서 검토하면 다음과 같은 결과를 얻을 수 있다. ① 피로나 노화가 육체나 신체와 결합하는 것은 관용적이지만 몸과는 결합되지 않는다. '몸이 피로하다'는 가능하지만 '몸 피로'나 '몸 기능'은 낯설게 느껴진다. ② 몸속의 나쁜 물질에서 몸은 의미의 변화 없이 신체나 육체로 대체될 수 있다. ③ '아내와 몸으로 사랑을 나누다'에서 몸을 육체나 신체로 대신할 수 없다. 그런데 '육체적 사랑'이라는 익숙한 표현과 달리 몸적 사랑이나 신체적 사랑, 몸적 접촉은 어불성설로 느껴진다. 그리고 신체적 접촉과 육체적 접촉은 가능한 표현이지만 양자 사이에는 의미의 차이가 있다. ④ '건강'과의 결합에서 건강한 신체/육체/몸, 이 모두가 가능하다. 그러나 정신신체의학을 정신육체의학으로 바꿀 수는 없다.

위와 같이 몸과 신체, 육체가 다른 어휘와 결합하면서 생기는 차이와 변화를 규명함으로써 우리는 개념 정의에 가까이 다가설 수 있다. 무엇이 보다 관용적이고 또 그렇지 않은 것일까? 무엇이 우리 일상적인 언어 사용에 보다 가까운 것일까? 위의 예들은 가능한 결합과 그렇지 않은 결합으로 분류될 수 있는데,

그러한 분류의 차이는 어떻게 설명될 수 있는가? ①로부터 시작하기로 하자. 우리는 육체와 신체는 '기능'과 결합될 수 있으며 '몸이 피로하다'와 '몸의 피로'는 관용적이지만 몸 기능이나 몸 피로는 어색하게 느껴지는 이유를 설명해야 한다. 역할이나 작용과 같은 뜻을 가진 '기능'은 기능주의라는 용어에서 볼 수 있듯이 구조적이거나 기계론적, 혹은 물리생물학적인 함의를 가지고 있으며, 살아 있는 생명체가 아니라 관례적으로 무기체에 적용된다. '나의 기능'이라는 구절이 부적절하게 느껴지는 이유가 거기에 있다. 내가 가지고 있는 주체적 관점이나 입장이 '기능'에는 반영되지 않는 것이다. 이 점에서 기능은 사물을 대상화하고 타자화하는 효과를 거둔다고 할 수 있다. 신체/육체 기능과 몸 기능의 차이도 그렇게 설명될 수 있지 않을까? 즉 신체나 육체라는 개념은 몸을 객관화하거나 타자화함으로써, 다시 말해 삶의 맥락을 소거함으로써 추출되는 추상적 몸이다. 일인칭적으로 나의 관점에서 보여진 육체나 신체가 몸이다. 반대로 타자의 관점에서 보여진 몸이 육체나 신체이다. 그렇다면 세 개념의 차이를 우리는 다음과 같이 요약할 수 있다. 타자화된 몸이 육체나 신체이며 주체화된 육체와 신체가 몸이다.

이와 같이 우리는 주체화와 타자화의 기준을 통해서 몸과 육체, 신체를 구분할 수 있다. 이러한 구분의 정당성은 나머지 신문 기사에 적용되었을 때 더욱 분명하게 드러난다. '아내와 몸으로 사랑을 나눈다'라는 표현은, 남편이 아내를 돈으로 살 수 있는 화류계의 여자처럼 취급하지 않는다는 사실을 말해 준다. 우리는 '아내와 육체적인 사랑을 나눈다'고 표현하지 않는다. 아내를 단순히 성적 대상이 아니라 나름의 감정과 욕망, 생각을 가진 인격체로 존중하기 때문이다. 물론 아내도 성적 대상이 될 수 있으며, 성추행을 당할 수 있다. 누군가 그녀의 인격성을 공제하고 남을 몫으로 육체만을 취할 수 있다. 그렇기 때문에 성적 대상이 특별히 그녀이어야 할 필요는 없다. 다른 여자로도 대체가 가능한 것이다. 그러나 남편에게 아내는 다른 여자와 대체가 불가능할 뿐 아니라 성적 대상으로 환원되지 않는다. 이 점에서 그는 아내를 성적으로 보는 남자와 대척점에 있다고 할 수 있다. 남편이 그녀의 육체에 인격과 욕망, 감정을 더해 주는 가산加算의 지점에 있다면 성추행하는 남자는 그녀에게서 인격과 욕망, 감정을 제거하는 감산減算의 지점에 있다. 이와 같이 타자화되는 연산에 접속이 되면 그녀의 몸은 육체나 신체로 빈곤해진다. 육체적/신체적 접촉이나 몸의 접촉의 차이도 그와 같은 가산과 감산의 맥락에 있다. 예를 들어, 빽빽한 지하철에서 우리는 옆 사람과 몸이 부딪힐 수 있다. 그렇지만 우리는 이러한 접촉을 몸의 접촉이 아니라 신체 접촉이라고 표현한다(육체적 접촉과의 차이는 나중에 설명하기로 한다). 옆 사람의 인격이나 욕망이 이 상황에는 개입되지 않기 때문이다.

'비대한 육체'나 '몸속의 나쁜 물질'처럼 몸과 신체, 육체 가운데 어느 하나와 접속되어도 똑같이 의미가 통하는 구절도 주체화와 타자화의 관점에서 설명될 수 있다. 관용적인 표현이라고 해서 모두 똑같은 의미와 가치를 가지지는 않는다. 몸속의 나쁜 물질과 육체/신체 속의 나쁜 물질의 차이는 일인칭 화자의 위치가 누구인가의 여부에 달려 있다. 내가 말하는가? 아니면 의사가 말하는가? 이 질문에 대답하기 위해서는 앞에 '나'를 덧붙이는 것으로 충분하다. 우리는 내 몸의 나쁜 물질이라고 하지 내 육체의 나쁜 물질이라고 말하지 않는다. 그러나 나를 중립적으로 생화학적인 환자의 몸으로 바라보는 의사는 '당신 신체/육체의 나쁜 물질'이라고 말할 수 있다. 비대한 육체나 마른 몸과 같은 구절도 마찬가지다. 제3자적 관점이라면 비대한 육체라고 말할 수 있다. 그렇지만 나 자신이 나의 비대한 몸을 비대한 육체/신체라고 표현하지는 않는다. 만일 그렇다면 자신의 몸을 희화화하는 경우이다.

육체와 신체

지금까지 우리는 주체화와 타자화, 감산과 가산의 연산의 관점에서 한편으로 몸, 다른 한편으로 육체와 신체를 구별하였다. 그렇다면 육체와 신체의 차이는 어떻게 구별할 수 있는가? 양자가 유의어라는 이유로 해소되지 않는 차이를 갖기 위해서는 그것을 가시화하는 또 하나의 기준이 도입되지 않으면 안 된다. '신체의 나쁜 물질'과 '신체 노화'에서 신체는 육체로 대체되어도 무방하다. 그렇다면 신체 기능과 육체적 사랑, 신체의 유연성과 같은 구절에서도 그러한 대체가 가능할까? 이번에는 ≪조선일보≫를 대상으로 육체 기능이라는 표제어를 찾아보았다. 예상했듯이 단 한 건도 없었다. 그렇지만 "암을 이기자 '신체 기능' 회복 못지않게 '삶의 질' 확보도 중요하다."와 같이 신체 기능을 언급한 기사는 많았다. 빈도수에 있어서도 육체는 신체와 비교가 되지 않았다. 1920년에서 현재까지 기사의 제목이나 주제로 신체는 1,382건, 몸은 1,076건, 육체는 304건 등장하였다.[1] ≪동아일보≫의 경우에는 육체가 1,770건, 신체는 6,426건, 몸은 20,812건 기사로 실렸다. 육체보다 신체가 훨씬 일상적으로 쓰인다는 것으로 이해될 수 있다. 그러한 쓰임의 차이는 신체나 육체가 다른 낱말과 결합한 구절에서도 확인되었다. 691건의 신체검사에 비하면 육체검사는 한 건도 없었으며, 신체손상이 101건인 반면에 육체손상 32회였다. 정반대의 경우도 있었다. 육체미가 30건이었던 반면에 신체미는 하나도 없었다. 그렇다면 우리는 이러한 현상의 이유를 추적함으로써 육체와 신체의 차이를 개념화해야 한다.

다음과 같은 질문을 가지고 육체와 신체의 차이를 생각해 보기로 하자. 왜 신체검사가 육체검사로, 또 육체미는 신체미로 대체하기 어려운 것일까? 국어사전은 신체검사를 "건강 상태를 알기 위하여 신체의 각 부분을 검사하는 일"로, 육체미를 "사람 몸의 아름다움"으로 정의하고 있다. 이렇게 간단한 정의로는 충분치 않지만 그럼에도 우리는 전자는 건강에, 후자는 아름다움에 초점이 맞춰져 있음을 확인할 수 있다. 건강은, 우리가 걷고 달리고 일하는 활동을 포함해서 몸의 생체적 · 사회적 기능과 관련된 것으로, 그것의 가장 기본적인 조건은 외부에서 섭취한 영양물질을 분해하고 합성함으로써 몸의 활동에 필요한 에너지를 얻는 신진대사활동에 있다. 간단히 말하면 신체는 몸의 기능과 활동, 효율성, 에너지(힘)를 가리키는 용어로 정의될 수 있다. 그러나 육체는 몸의 역동성과는 대조되는 정적인 지점에서, 몸이 가시화된 형상의 관점에서, 즉 신체 부위와 몸매, 피부, 신장 등의 관점에서 몸이 이해되는 것이다. 신체가 동적이며 능동적인 지향이라면 육체는 정적이며 수동적인 지향을 가지고 있으며, 전자가 영화의 인물처럼 움직이는 몸이라면 후자는 누드화의 몸에 가깝다.

신체가 몸의 기능과 에너지를 칭하는 개념이라는 것은 그것과 결합해서 사용되는 어군들에서 확연히 드러난다. 무엇보다 '신체'는 체육과 무용, 퍼포먼스 등의 공연 예술에서 공통적으로 사용하는 개념이다. 그러한 공연 예술이 논의되는 자리에는 '육체'라는 개념이 등장하지 않는다. 2000년 이후 출판된 논문 가운데 체육과 신체가 공통 주제어인 것이 66건이었던 반면에 체육과 육체가 주제어로 표기된 것은 단 한 건도 없었다. 무용 분야도 마찬가지였다. 신체와 무용이 주제어로 결합된 논문은 89건이지만 육체와 결합되는 논문은 한 편도 없었다.[2] 몸의 동작과 자세, 민첩성, 유연성 등이 언급되는 상황은 신체의 에너지나 기능과 맞물려 있는 것이다. 그래서 신체 요법이나 신체 관리, 신체 표현, 신체 심리 치료, 신체 동작, 신체 편향성, 신체 체험, 신체 존중감, 신체 변화와 관리, 신체 특징 등과 같은 용어들이 자연스럽게 느껴진다. 자칫하면 잃을 수 있는 몸의 건강과 균형을 회복하기 위한 요법이 신체 관리나 신체 심리 치료라면, 몸을 귀중하게 여겨야 한다는 윤리적 요청이 신체 존중감으로 표현이 된다. 이 점에서 신체는 고정된 불변의 것이 아니라 강화될 수도 있고 약화될 수도 있는 변화의 과정에 있다.

신체 관리나 신체 심리 치료와 같은 용법은 타자화된 몸으로서 신체의 정의와 모순 관계에 있는 듯이 보이는데, 그것은 표면적으로만 그러하다. ≪무용수의 신체관리*ALLEGRA KENT*≫라는 제목의 책도 있다. 대체 무용수가 신체를 관리한다는 것은 무엇을 의미하는 것일까? 무용하기에 최적의 몸, 유연하고 탄력적이며 에너지가 넘치는 몸을 만들고 유지하기 위한 운동, 자세, 식이요법 등을 의미한다. 이때 그녀의 몸은 목적이 아니라 무용이라는 목적을 위한 수단으로서 몸이다. 무용을 하기 위한 수단으로서 몸만 있는 것은 아니다. 발레복과 발레화, 무대, 교향악단 등도 필요하다. 그녀는 그러한 수단들을 심사숙고해서 선택하듯이 자신의 몸도 심사숙고해서 무용에 최적의 몸으로 선택을 해야 한다. 달리 말해 발레복을 바라보듯이 자신의 몸을 바라보아야 한다. 객석에서 자신의 연기를 바라볼 타자의 관점에서 자신의 몸과 관계하는 것이다. 그렇다고 해서 그녀의 인격이 수단으로 완전히 환원되지는 않는다. 이처럼 신체라는 개념에는 자신의 의지와 욕망을 가진 인격체라는 사실이 이미 전제되어 있다. 그럼에도 관객은 그녀의 의지와 욕망, 삶에는 관심이 없다. 관객에게 그녀는 무용수로서 존재할 따름이다. 이러한 이유로 신체가 타자화된 몸이라는 앞의 주장에는 변함이 없다. 그녀가 자신의 몸을 타자의 몸처럼 경험하기 때문이다.

그렇다면 수단화된 몸, 특정 목적에 봉사하는 몸이 신체라고 재정의할 수 있다. 병무청이 신체검사를 하는 이유는 군인이라는 목적에 적합한 신체와 그렇지 않은 신체를 구분하기 위함이다. 군에 입대하면 병사는 군사력 증강과 전투력이라는 목적을 위한 수단이 되어야 한다. 열병식을 보라. 사오백 명의 병사들은 자신의 개인적 몸을 버리고 다른 병사들과 혼연일체가 되어 기계처럼 일사불란하게 움직여야 한다. 집단적 몸이 되어야 한다. 병사가 복동이인지 칠복이인지, 무엇을 생각하는지는 전혀 중요하지 않다. 무용에 대한 무용수의 관계처럼 군인이라는 보편적 개념으로 수렴되어야 한다. 이와 같이 몸에 권력을 각인하는 방법으로 국가는 신체 정치를 할 수가 있다. 개인적 몸이었던 것을 국가가 원하는 신체로 재구성하는 것이다. 운동회나 체육도 신체 정치로부터 자유롭지 않다. 우리나라에 운동이 소개된 것은 1890년대 말이었다. 그전에는 점잖게 침묵했던 몸이 구한말에는 운동을 통해서 단련해야 하는 국력으로 전환되었던 것이다.

타자화된 몸으로서 신체와 육체의 차이는 무엇인가? 신체가 권력의 자장에 있다면 육체는 한편으로 물질과 사물의 논리, 또 다른 한편으로는 욕망의 논리와 맞물려 있다. 먼저 물질의 물리적 논리를 살펴보기로 하자. 모든 물질은 만유인력과 관성의 법칙, 질량보존의 법칙의 지배를 받는다. 몸무게를 재는 저울은 측정의 대상이 사람인지 아니면 쌀가마니인지 강아지인지를 묻지 않는다. 그러한 질의 차이를 제거하고 수량화함으로써 우리는 무게라는 보편적 개념에 이를 수 있다. 무게의 관점에서 보면 돌과 나무, 사람 사이에는 다만 kg의 차이만 있을 따름이다. 그리고 나무를 자를 수 있듯이 사람의 몸도 자를 수가 있다. 일정한 형상을 가지고 일정한 공간을 점유하는 대상으로서 육체는 나무와 마찬가지로 필요에 따라서 분할되고 분리될 수도 있다. 끔찍한 사례가 되겠지만 그와 같은 물리적 성격이 없다면 살인자가 사체를 절단해서 유기할 수도 없을 것이다. 육체는 생명이 있는 생체일 수도, 유기적 기능이 상실된 사체일 수도 있는데, 전자는 의학적 관리와 배려의 대상이다. 의학적 관점에서 우리의 몸은 복합체이다. 그것은 기관으로 구성되어 있으며, 그 기관은 조직으로 구성되고, 또 그 조직은 무수히 많은 세포로 구성되어 있다. 이와 같이 세포로 무한 분할될 수도, 기관이나 몸으로 통합될 수도 있는 것이 생체이다.

나무나 돌과 같은 물질의 하나로서 육체는 단지 특정한 시간과 공간을 차지하고 있는 중립적인 존재가 아니라 욕망의 대상이다. 만일 아프리카의 밀림에 홀로 던져져 있다면 나의 몸은 사자에게는 맛있는 살코기로 보일 것이다. 우리가 스테이크를 보고 입맛을 다시듯이 사자도 인간 살코기에 군침을 흘릴 수 있다. 그렇다고 모든 물질이 사자의 욕망을 자극하는 것은 아니다. 사자는 나무나 돌, 흙, 풀, 사슴과 같은 수많은 자연의 대상 가운데 특정한 것만을 욕망한다. 기초적인 생존의 단계에서 욕망의 대상은 먹을 수 있는 물질이다. 자연은 식용 가능한 것과 그렇지 않은 것으로 이분되어 있는 것이다. 인간의 성욕도 그러한 이분법적 본능의 논리에서 크게 벗어나지 않는다. 차이가 있다면 식용과 비식용의 이분법이 좋고 싫음, 인력과 척력의 이분법으로 전환되어 있다는 점이다. 성욕이란 무엇인가? 우리의 본능을 자극하는 타자의 육체를 취해서 나의 것으로 전유하고 싶은 욕망이다. 가까이 당겨서 내 것으로 취하고 싶은 육체가 성욕의 대상이라면 그렇지 않고서 멀리 밀어내고 싶은 육체는 혐오감의 대상이다. 인접해서 접촉할 수도, 아니면 원거리로 밀려날 수도 있는 대상이 육체인 것이다.

육체미나 육체파 배우와 같은 표현이 즐겨 사용되는 이유도 욕망의 대상으로서의 몸의 성격과 직결되어 있다. 가슴과 팔이 근육질이고 '왕王'자 복근을 가진 사람을 보면 가서 만져 보고 싶은 생각이 든다. 보고 만지고 싶은 욕망을 자극하는 것이다. 이때 그와 같이 자극되는 욕망은 주체의 것이 아니라 타자의 것이라는 사실을 유의할 필요가 있다. 건강이 본인을 위한 것이라면 육체미는 타자의 응시를 위한 것이다. 때문에 몸이 타자의 시선에 노출되지 않는 문화권에서는 육체미라는 개념 자체가 존재하지 않았다. 가령 조선시대에는 육체미라는 것을 상상할 수도 없었다. 우리나라에서 육체미라는 단어가 처음 등장한 것은 1926년이었다. 2월 24일 신문에는 "인물 잘난 따님을 둔 어머니들의 주의"라는 제목의 기사에 "육체미와 정신미의 부조화"라는 구절이 있다. 당시에 몸의 일부를 드러내는 옷을 입은 신여성이 거리를 활보하였다는 이야기이다. 미술사에서 조각의 최고 작품으로 손꼽히는 밀로의 〈비너스〉와 〈벨베데레의 아폴로〉와 같은 작품은 벌거벗은 몸으로 운동장에서 레슬링 등으로 신체를 단련했던 고대 희랍의 문화가 없었다면 불가능했을 것이다. 이와 같이 육체미는 알몸을 보여주는 문화와 단짝을 이루고 있다. 자주 혼용되는 육체미와 신체미를 구별할 수 있는 근거도 이러한 보여주기의 관점에서 설명될 수 있다. 육체미의 주체는 타자의 시선에 자신의 몸, 그것도 나체인 몸을 온전히 내주는 사람이다. 반면에 신체미는 육체미처럼 타자의 시선이 노출되는 알몸과 욕망의 자극을 반드시 전제하지는 않는다. 때문에 의상과 패션, 무용 등의 분야에 종사하는 사람들은 신체미라는 용어를 자주 사용한다. 예를 들어 손연재가 리듬체조를 통해서 신체미를 잘 표현하였다는 것을 우리는 잘 알고 있다. 이때 우리는 육체미를 표현하였다고는 말하지 않는다. 육체미에서 관객은 욕망의 대상과의 거리를 최대한 좁히려고 지향성으로 특징될 수 있다면 신체미에서 관객은 대상과의 심미적 거리를 유지한다고 할 수 있다.

그러나 물리적 대상으로서의 육체와 욕망의 대상으로서의 육체의 구분이 분명한 것은 아니다. 우리는 진공 속에 혼자 존재하는 것이 아니라 수많은 사물과 더불어서 그리고 수많은 사람들과 함께 존재한다. 우리가 다른 것들과 접속하고 관계하는 방식에 따라서 우리는 물리적 대상이 될 수도, 아니면 욕망의 대상이 될 수도 있다. 저울과 접속되는 순간에 물리적 대상으로 환원되었던 나의 몸이 혼잡한 전철 안에서는 다른 승객의 통행을 방해하는 짐짝이 되었다가 나의 집을 방문한 보험회사 영업사원에게는 욕망의 대상이 될 수 있다. 그리고 전시의 국가에게 나의 몸은 예비병력으로 활용될 수 있는 신체이지만 병원으로 접속이 되면 조직검사를 할 수 있는 생체이고, 그러다 죽어서 사체가 되면 구더기의 먹이가 될 것이다.

육체와 신체의 차이

신체와 육체라는 변별적 개념이 어떻게 우리말의 용례에 적용될 수 있는지를 살펴보기로 하자. 〈성인남성 근로자의 여가시간 중 육체적 활동양상 및 관상동맥질환 위험인자들과의 관련성〉이라는 제목의 논문이 있다. 이 제목에서 육체라는 개념이 올바로 사용된 것일까? 근로자들 가운데 일부는 여가 시간에 산책이나 체조, 족구, 탁구와 같은 운동을 즐긴다. 그런데 이러한 활동은 육체적 활동이 아니라 신체적 활동이라고 해야 옳지 않을까? 정적인 몸이 아니라 역동적인 몸, 움직이며 에너지를 소모하는 활동이기 때문이다. 그럼에도 이러한 표현이 심심치 않게 등장하는 이유는 아직 육체와 신체가 개념적으로 확실하게 구별되지 않고 쓰이는 문화에서 찾을 수 있다. 예를 들어 ≪조선일보≫ 2014년 6월 14일 자 기사에는 "'관심 병사', 관심보다 더 좋은 약은 없다"라는 제목하에 "육체적 단련 못지않게 마음 훈련이 중요하다."는 구절이 있다. 그리고 동년 6월 7일 신문에 소개된 마라톤 기사에서 "육체적 한계에 도전해 내가 하고 싶은 일을 알리고 싶었다."라는 문장도 있다. 이와 같은 표현에서 육체는 신체로 대체되어야 마땅하다.

정확한 어휘 사용의 어려움이 가장 가시화되는 현장이 번역이다. carnal, physical, corporeal, fleshly 등과 같은 body의 유사어를 어떻게 우리말로 옮길 것인가? 예를 들어, 박재열은 〈에이드리엔 리치의 육체적 글쓰기〉라는 논문의 제목을 "Adrienne Rich's Corporeal Writing"으로,[3] 그리고 심진호는 〈'육체적 몸'으로의 접촉: 월트 휘트먼의 시각적 촉각성〉을 "Contact with the 'Corporeal Body': Walt Whitman's Visual Tactility"[4]으로 옮겼다. 이 두 사례에서 저자들은 corporeal의 우리말 상응어가 '육체적'이라고 판단하였다. 그러나 여기에서 육체적이라는 역어는 저자들이 주장하려고 했던 논지와 정확하게 모순되는 말이다. 육체는 이원론적 전통에서 정신과 이항대립적인 관계에 놓인 개념으로 몸을 대상화한 용어이다. 리치와 휘트먼이 시작에서 추구한 것은 육체를 폄하하고 정신을 높게 평가하는 이원론적 전통을 비판하는 작업이었다. 그들은 그러한 이원론을 거부하고 육체=정신, 즉 몸의 일원론을 전개함으로써 육체로 소외된 몸의 지위를 복권하려고 하였다. 에이드리엔 리치는 육체적 글쓰기가 아니라 온몸으로 밀어붙이는 '몸된 글쓰기'를 시도하였던 것이다. 휘트먼의 'corporeal body'는 우리말로 옮기기에 참으로 난감한 구절이다. 그럼에도 분명한 것은 '육체적 몸'은 적절한 후보가 아니라는 사실이다. 육체적 몸이라는 표현은 주체로서의 몸이 아니라 소외된 몸, 객관화되고 대상화된 몸을 의미하기 때문이다. ≪풀잎≫의 서문에서 휘트먼은 "누구든지 이 책을 만지는 자는 사람을 만지는 것이다."라는 의미심장한 말을 남겼다. 그는 자신의 시가 'whole corporeal body'에 관한 것이라고 말하고 싶었던 것이다. 여기에서 우리는 body에 corporeal이라는 형용사가 과연 필요한 것일까?라고 물을 수가 있다. corporeal은 bodily의 동의어이기 때문이다. 이 점에서 corporeal은 body에 새로운 의미를 더하지는 않지만 그것의 중요성을 강조하는 어법으로 보아야 할 것이다. 휘트먼은 몸의 몸성性을 더욱 강조하고 더욱 가시화하기 위해서 corporeal이라는 수식어를 사용한 듯이 보인다. 그렇다면 우리는 이렇게 물어야 하지 않을까? 몸의 몸은 무엇인가? 그것은 살이다.

'살'이라는 개념은 몸 연구가 상승세를 타면서 새롭게 부상한 용어이다. 이것은 메를로-퐁티의 살의 존재론ontologie de la chair, 최근에는 그로츠Elizabeth Grosz의 페미니즘적 입장을 일컫는 용어 'corporeal feminism'으로 각광을 받았다.[5] 그런데 corporeal feminism을 어떻게 우리말로 이해해야 할 것인가? 〈메를로 퐁티의 '체험된 몸'과 '살'에 대한 그로츠E. Grosz의 페미니스트적 독해〉에서 이소희는 flesh를 살로, 그러나 corporeality을 신체성으로 옮겼다. 이 논문에서 저자가 두 어휘, 특히 후자의 역어 문제를 놓고서 많은 고민을 한 듯이 보인다. 한편으로 두 용어를 차별해야 할 필요성, 또 다른 한편으로는 후자의 적절한 우리말 표현의 결핍이라는 문제를 가지고 저자는 씨름을 한 흔적이 역력하다. 그럼에도 그로츠의 corporeal feminism은 살된 페미니즘이나 몸된 페미니즘으로, corporeality도 몸성이나 살성으로 옮겨야 마땅하다는 생각이 든다. 우리 어법에서 신체는 신체검사의 신체처럼 나의 것으로 주체화될 수 있는 몸이 아니기 때문이다.

몸과 살

그렇다면 살이란 무엇일까? 살이 몸과 호환될 수 있는 개념이 아니라면 양자는 어떠한 차별성을 갖는 것일까? 우리는 살의 등장과 더불어서 논의의 방향을 지금까지 논의되었던 몸의 지평에서 다른 지평으로 이동할 필요성을 느낀다. 육체와 신체는 개체화된 몸, 개인주의적 몸이었기 때문이다. 그런데 몸은 개체화의 원리로만 구성되어 있는 것일까? 몸은 나의 것으로 개체화하고 인격화할 수 없는 어떤 익명적이고 공동체적인 요소를 가지고 있지 않을까? 몸과 달리 살은 익명적이기 때문이다. '나의 몸'과 '나의 살'은 서로 대체될 수 있는 표현이 아니다. 나의 몸은 나를 인격적 주체로 만들어 주며 타자와 구별해 주는 일정한 형상과 모습을 가지고 있다. 나는 나의 몸이 어떻게 생겼다고 상상해 볼 수 있으며, 종이에 그림으로 그릴 수도 있다. 그러나 살은 그와 같이 일정한 형상을 가지고 있지 않다. 그것은 형상보다는 비형상에 가깝다. 아리스토텔레스의 용어를 적용하면 몸이 형상form이라면 살은 질료matter이다. 다음과 같은 표현을 보라 — 살을 섞다. 살이 깊다. 살을 붙이고 살다. 살이 떨린다. 살을 떼어 주다. 살갗, 살결, 살붙이, 살점, 살코기, 살찌다. 이러한 표현에서 살은 몸과 같이 인격적인 위상을 가지고 있지 않다.

살을 정의하기 위해서는 그것이 가진 비형상성의 성격에 주목해야 한다. 군살이 가장 단적인 예이다. 대중매체에서 군살은 몹시 부정적인 용법으로 쓰인다. 군살 빼기, 군살 태우기, 군살 없애기에서 군살은 나의 몸으로부터 제거해야 하는 대상으로 표상이 된다. 군살은 내 몸의 일부이지만 반갑지 않은 일부, 없으면 더욱 좋을 애물덩어리로, 그것은 내 몸의 형상을 파괴하고 건강을 위협하는 부정적인 힘, 몸의 적이다. 몸을 만들기 위해서는 군살과 전쟁을 벌여야 하는 것이다. 그런데 이와 같이 군살과 일전도 불사하는 우리의 태도에서 흥미로운 사실은, 내가 만들고 싶어 하는 이상적인 몸도 살을 포함하고 있다는 것이다. 살이 없으면 몸도 동시에 사라질 위기에 처한다. 반대로 살이 너무나 많으면 빌딩에서 떨어진 찐빵처럼 나의 몸의 형상이 뭉게지기 시작한다. 너무나 적어도, 그렇다고 너무나 많아도 위험하다. 그렇다면 우리가 바라는 모습으로 형상화된 살이 몸이라고 할 수가 있다. 우리는 무질서한 살덩어리를 가지고 질서가 잡힌 몸을 만들어야 하는 것이다.

몸과 살의 관계는 질서와 혼란, 의미와 무의미, 주체와 타자의 관계와 같은 지평에 있다. 흥미롭게도 양자는 의존적이면서 동시에 적대적인 관계에 있다. 주체는 자기가 원하는 형상을 위해 거친 돌을 갈고 다듬는 조각가처럼 자신의 살을 만들어야 한다. 자신의 몸에 저항하는 타자로서 살의 적대적 세력을 제압하고 자신의 의지에 복종시켜야 하는 것이다. 그러나 그러한 적대적 세력이 바로 자신의 이상적 몸을 구성하는 세력이라는 사실로 인해서 주체는 살과 타협하고 절충하는 과정에 임하게 된다. 내가 긍정하는 살이 몸[조화]이라면 내가 부정하는 살은 군살[혼란]이 된다.

이와 같이 주체가 살에 질서를 부여하는 과정은 창조신화에서 카오스가 코스모스로 형상화되는 과정과 같은 궤도에 있다. 희랍 신화에 따르면 태초에 우주에는 물, 불, 공기, 흙의 4원소가 혼재하는 상태에 있었다. 이와 같이 분화되지 않고 미분화의 상태에 있던 우주의 요소들이 위와 아래, 가벼움과 무거움, 뜨거움과 차가움, 좌와 우 등의 원리에 따라 새롭게 배치되고 편성되며 개별화됨으로써 코스모스가 완성되었다. 그러나 코스모스는 영원히 안정된 상태에 있지 않다. 혼란의 요소들로 형성된 우주는 자칫하면 원래의 카오스로 되돌아갈 가능성에 언제나 직면해 있다. 형상화된 요소들이 미분화, 비형상의 단계로 퇴행할 수 있다. 이러한 창조의 시나리오에서 완성된 코스모스가 개별화된 몸이라면 미분화 상태의 카오스가 통합적인 살이라고 할 수 있다.

인간의 성장과정은 몸과 살의 변증법으로 이해될 수 있다. 살이 개별화되고 주체화된 것이 몸이라면 인간의 유년 시절은 그러한 주체화 이전의 시기로 특징될 수 있다. 유아는 자신을 독립된 몸이 아니라 어머니의 일부로 느끼며, 그러한 이유로 자신과 타자와 분명한 구분을 가지지 않는다. 이러한 미분화 상태는 자기가 바로 우주라는, 우주가 자신의 몸이라는 '범우주적 느낌oceanic feeling'을 가능하게 한다. 〈나르시시즘에 관한 소론〉에서 프로이트는 이러한 느낌을 "일차적 나르시시즘"이라고 명하였다. 유아는 엄마가 "아" 하고 소리를 지르면 자신도 덩달아 소리를 지르고, 엄마가 웃으면 같이 웃고 엄마의 젖가슴을 자신의 것으로 느끼는 상태에 있다. 심지어 서너 살의 아이조차 다른 아이를 때려 놓고서는 자기가 맞은 줄로 알고 소리를 지르며, 다른 아이가 넘어졌는데도 자기가 넘어져서 아픈 줄 알고서 울먹이는 이행성移行性을 가지고 있다. 그렇지만 어른으로 성장하는 단계를 거치면서 아이는 자기를 세계의 살로부터 구별하는 법을 깨우치기 시작한다. 그럼에도 주체는 어느 한순간에 타자의 살에 흡수될지 모른다는 존재론적인 불안감에서 완전하게 벗어날 수가 없다.

이상적인 몸 이미지는 자아를 침범해서 위협하고 잠식할 수 있는 살에 대한 방어 기제이다. 생성하고 소멸하는 자연의 장단에 맞물린 나의 살은 병에 걸리고 늙어가며 빵덩이처럼 비대해지기도 한다. 그리고 세월에 마모되어 부스러지는 돌처럼 몸에 주름살이 새겨지고, 부패한 고깃덩이처럼 탄력성을 잃고서 흐늘거리기도 한다.

몸과 살의 경계는 칼로 자른 듯이 분명하게 구분되거나 확정되어 있지 않다. 살은 몸으로 개별화될 수도, 또 몸은 어느 한순간 살로 통합될 수도 있다. 이 지점에서 우리는 휘트먼의 'corporeal body'라는 개념을 다시 생각해 볼 필요가 있다. 그의 〈나의 노래Song of Myself〉는 다음과 같이 시작한다.

나는 내 자신을 찬양하고 노래한다.

내가 하는 것을 너도 한다.

나에게 속하는 원자가 너에게도 속하고 있기 때문에.

I CELEBRATE myself, and sing myself,

And what I assume you shall assume,

For every atom belonging to me as good belongs to you.

시인은 나르시시즘적으로 자기 자신에 취해 있다. 그는 자신의 아름다움을 노래하지 않고는 견딜 수가 없기 때문이다. 그렇지만 마지막 3행에서 시인이 노래하는 것은 자기의 자아가 아니라 모든 사람들이라는 사실이 분명해진다. 다른 사람과 마찬가지로 시인의 몸은 원자로 이루어져 있다. 그래서 원자와 원자들끼리 서로 공명하는 것이다. 때문에 크고 작은 모든 원자들이 찬양의 대상이 된다. 이것은 16 스탠자에서 더욱 분명한 형태로 드러난다.

16

나는 늙었고 젊으며, 어리석고 현명하며

다른 사람을 무시하며 또 존중하며

여성적이며 동시에 부성적이고, 아이이면서 동시에 어른이고

거친 원자들의 뭉텅이이며 동시에 부드러운 원자들의 뭉텅이이고….

I am of old and young, of the foolish as much as the wise,

Regardless of others, ever regardful of others,
Maternal as well as paternal, a child as well as a man,
Stuff'd with the stuff that is coarse and stuff'd with the stuff that is fine,
One of the Nation of many nations, the smallest the same and the largest the same,
A Southerner soon as a Northerner, a planter nonchalant and hospitable down by the Oconee I live,

이 시에서 긍정되는 것은 개별적 몸이 아니라 통합적인 살이다. 그는 자신의 몸과 타자의 몸 사이에 경계를 긋거나 담장을 세우려고 하지 않는다. 자신의 몸으로부터 군살을 떼어 내려고 시도하지도 않기 때문에 살이 적대적 세력으로 다가오지 않는다. 그는 주체이면서 타자이고, 몸이면서 동시에 살이기 때문이다. 휘트먼에게서 그의 몸은 개별적인 몸이 아니라 익명적이고 통합적이며 혼란스럽기도 한 살로서의 몸이다. 이 점에서 corporeal body는 살된 몸, 혹은 몸살이라고 할 수 있다.

자유와 인격의 구성에서 몸의 기능

이 글은 프랑스 철학자 모리스 블롱델의 행동철학에 기초하여 자유와 인격의 구성에서 몸의 기능을 다룬다. 모든 행위는 동기들의 규정을 통해 분석될 수 있기 때문에 필연적으로 보이지만 이 규정은 자유를 통해서만 의미를 갖는다. 인간은 자유에 선고된 존재다. 그러나 자유는 의지적 행동으로서 몸을 통해 표현될 때 인격을 구성할 수 있다. 이 글은 자유의 문제를 다루고 인격의 구성에서 행동을 통한 몸의 역할을 규정한다.

이근세

라이프니츠의 가설 — 실체적 연결고리

행동철학의 창시자 모리스 블롱델Maurice Blondel(1861~1949)은 말년의 라이프니츠가 데보세스Des Bosses 신부와 주고받은 서신[1]에 나타난 실체적 연결고리 가설에 주목한다. 실체적 연결고리는 현상들과도 구분되고 모나드들과도 구분되는 제3의 항으로서 복합체의 배후에 배치된 다수의 모나드들을 하나로 통합하여 복합체에 실체성을 부여하는 원리다. 라이프니츠는 "여러 실체들로부터 새로운 실체가 나오게 하는 보다 완전한 관계를 생각할 수 있다."[2]고 선언한다.

젊은 시절의 라이프니츠는 물질계의 모든 것을 크기, 모양, 운동으로 설명하는 데카르트의 기계론에 매료되었었으나, 곧바로 연장延長, res extensa은 수동적이고 무한히 가분적이기 때문에 진정한 실체가 될 수 없다고 본다. 라이프니츠에 따르면 연장은 비연장적인 힘들의 외관 또는 현상에 지나지 않는다. 진정한 실체는 비물질적인 요소, 즉 모나드이며, 신의 행동 법칙인 최적율optimum에 따라 인간의 정신만이 실체성을 갖는 것이 아니라 전체 물질계 배후에 무한히 많은 모나드들이 배치된다.[3] 모나드들은 서로 다른 단순체들로서 '문도 창문도' 없기 때문에 서로 간의 실재적인 교류는 불가능하며 그들 간의 모든 관계는 신에 의해 전체적으로 조정된 관념적 관계다. 이런 의미에서 라이프니츠의 철학은 예정조화 체계이고 관념론이다.

그러나 예정조화의 체계에는 난점이 존재한다. 물질계의 실재성이 박탈될 경우 생명체 같은 복합체를 어떻게 생각해야 하는가? 모든 복합체는 그것을 고찰하는 정신이 부여한 관념적인 통일성만을 가진 집적체aggregatum에 불과한가? 라이프니츠가 '지배적 모나드'[4] 개념을 통해 하위 모나드들을 통합하여 복합체에 통일성을 부여하려고 시도한 것은 사실이다. 그러나 지배적 모나드도 모나드의 본성을 가지고 있기 때문에 결국 복합체의 실재적 통일성을 실현하지는 못한다. 그렇다면 복합체는 무지개나 돌멩이 덩어리들이나 양떼와 같은 집적체에 불과한 것인가? 만일 복합체가 단지 집적체가 아니라면, 복합체를 실체화한다는 것은 무엇을 의미하는가?

라이프니츠의 선언을 토대로 블롱델은 다음과 같이 말한다. "물체들을 실체화하는 것은 우리가 그것들을 우연적으로 하나이고 능동적인 것으로 외부에서 보는 것처럼, 그것들이 그들 내부에서 본질적으로 하나이고 능동적이게 하는 것이다."[5]

블롱델에 따르면 복합체의 실체화는 라이프니츠 체계의 최상층에 위치한다. 현상들을 통일하기 위하여 모나드가 제시되었던 것처럼, 모나드들을 통일하기 위하여 실체적 연결고리가 제시된 것이다. 모나드가 외부세계 전체가 한 점에 응축된 반향이라면, 실체적 연결고리는 모나드들의 통일, 즉 내적 다수성의 반향이다. "실체적 연결고리는 숨겨진 실재성을 가시적 물체에 부여하는 것이다. 외관으로 나타나는 것과 존재하는 것은 인식의 질서에서는 전적으로 다르지만, 하나의 동일한 실재를 구성한다."[6]

그러나 라이프니츠가 내놓은 실체적 연결고리 개념이 하나의 가설이라는 것을 잊어서는 안 된다. 그는 항상 복합실체가 진정으로 존재한다면 실체적 연결고리가 필요하다고 말한다. 블롱델 역시 이 개념의 가설적 성격을 명시하면서 이 개념이 받아들여질 경우에 '철학을 하는 새로운 방식'[7]을 도출할 수 있다고 강조한다. 블롱델에 의하면 실체적 연결고리에 의한 복합체의 실체화는 라이프니츠의 체계에 나타나는 두 가지 미궁을 해결하는 단서가 된다.[8] 첫 번째 미궁은 연속과 비연속의 문제로서 물질 개념 및 과학과 관련되고, 두 번째 미궁은 예정과 자유의 문제와 관련된다. 어떠한 방식으로 실체적 연결고리 개념이 이 두 미궁을 해결할 수 있는지 간략히 살펴보자.

연속과 비연속, 그리고 예정과 자유의 미궁에서 빠져나올 수 있는 길은 가능과 실재를 구분하는 것이다. 먼저 라이프니츠의 체계에서 연속과 비연속의 문제는 유한한 물체(저항력을 가진 연속체)가 어떻게 무한히 많은 비연속체, 즉 모나드들에 의해 구성될 수 있는가에 관한 것이다. 물론 라이프니츠는 미적분 계산을 통해 비연속에서 연속으로의 이행을 예시하려고 했다. 그러나 구체에 대한 계산의 적용은 설정 가능한 가장 작은 오류를 무시할 때 가능한 것이다. 달리 말하면 수학자는 연속과 비연속의 이율배반을 제기하는 동시에 그것을 해결한다. 즉 구체가 계산의 대상이 되려면 무한정하게 해체되어야 하지만 이런 해체가 구체와 일치하려면 무한을 넘어서는 한계가 실질적으로 주어졌다고 보아야 한다. 결국 수학적 구성은 분석적 요소들로 통일성을 대체함으로써 구체를 상징화하지만, 수학적으로는 정당화가 불가능한 통일성, 즉 해체 불가능한 통일성의 현존을 끊임없이 가정해야 한다. 간단히 말하면, 분석적 요소들 또는 관념적 부분들의 합은 실체적 연결고리에 의해 결합된 종합 또는 실재적 전체와 구분되는 것이다. 즉 관념적 통일성을 가진 정신의 구성 또는 수학적 무한과 실재적 통일성(실재적 무한)을 담고 있는 대상을 구분해야 한다.

예정과 자유의 미궁도 유사한 문제로 귀착된다. 모든 행위는 관념적 규정들을 통해 분석될 수 있기 때문에 필연적으로 보이는 것이 사실이다. 그러나 이런 규정들은 자유의 현존을 통해서만 실재성을 가질 수 있다. 자유의 문제를 해명하기 위해 블롱델은 라이프니츠의 구분에 의거한다. 라이프니츠에 따르면, 그 반대가 모순을 함축할 경우가 필연이고 모순을 함축하지 않을 경우는 우연이다. 신은 모든 가능한 본질들, 즉 관념적 진리들을 보지만 충족이유율에 따라 그 중 최선의 것을 의지를 통해 실현한다. 결국 모든 행위는 본질의 차원에서 보면 규정되어 있는 필연이지만 현존의 차원에서 보면 우연인 것이다. 즉 자유는 규정이 없는 행위라기보다는 무한히 많은 관념적 규정들 가운데 하나를 자기 것으로 실재화하는 행동이다. 달리 말하면 자유는 선험적으로 연역할 수 있는 것이 아니기 때문에 우연적이지만, 최선의 선택을 토대로 일정한 법칙에 따라서 이루어지는 것이기 때문에 자의적인 것은 아니다.

위의 두 가지 미궁은 결국 가능과 실재, 혹은 본질과 현존, 인식과 존재의 구분에 의해 해명된다. 이 글은 행동철학의 관점에서 두 번째 미궁인 자유의 문제를 논하면서 인격과 몸의 관계를 다루려고 한다.

자유의 문제

인간의 주체적 현상이 구체적으로 나타나는 것은 인간의 의식이다. 그러나 우리의 의식은 결정론을 피해 갈 수 있는가? 의식의 작용은 동인mobile과 동기motif의 결정론에 지배되는 것은 아닌가? 블롱델에 따르면 자유는 동인들과 동기들의 작용에도 불구하고 필연적으로 산출되며, 더 나아가 이성론자들의 견해와 달리, 자유는 순수 이성에 만족하지 않고 외부 현상에 던져질 때 진정한 자유의 권리를 갖는다. 의식과 자유의 관계를 세부적으로 살펴보자.

우리의 의식 안에는 '수많은 어렴풋한 작용들의 반향과 종합'[9]이 있다. 어떤 동기가 효과를 발휘하는 것은 이런 무의식적 동인들의 힘 때문이다. 그러나 동인들이 힘을 발휘할 수 있는 것은 동기가 어떤 목적을 향할 때 가능한 것이다. "욕망의 혼란하고 일관되지 않은 충동들이 본능적인 이미지나 행위에 대한 명확한 개념 속에 생겨나서, 완전히 새로운 견고함, 정확성, 유효성을 가지는 것은 내적 표상의 체계적 통일성 때문이다."[10] 비록 하나의 동기는 여러 동인들로부터 나오는 것 같지만, 동인들이 실재성을 갖는 것은 동기 때문이다.[11] 동기는 하나의 종합이며 분석적 요소들인 동인들로 환원되지 않는 독창성을 가지는 것이다. "동인들은 동인들이 준비하고 제안하는 동기에 의해서만 가치가 있다."[12]

그러나 한 동기에 대한 의식은 어떻게 가능한가? 그것은 여러 동기들이 서로 대조를 이루면서 나타나기 때문에 가능한 것이다. "한 행위를 명확하게 생각하는 것은 동시에 여러 다른 행위들의 가능성, 적어도 그에 대한 막연한 가능성을 상상하는 것이다."[13] 동기가 단 하나일 경우 그것은 동물의 욕망이거나 병적 착란일 것이다. 그렇다면 동기들의 대조는 어떻게 나타나는가? 동기들 스스로 대조를 이루며 기계적으로 나타난다고 보는 것도 또한 동물성으로 회귀하려는 것이다. 인간의 의식에는 갈등, 멈춤, 고통 등 수많은 동기들이 억제되는 현상이 일어나며, 이는 이성 또는 반성이 있기 때문이다. 달리 말하면 반성은 여러 동기들을 고찰하고 각각의 동기와 구분되는 근원적 힘이다. 반성이나 이성의 부정은 반성과 이성을 통해서만 가능한 것이다. 반성의 현존은 하나의 사실이다. 진정한 문제는 반성이 단지 억제력만을 발휘하는지의 여부이다.

하나의 동기는 다수의 동인들을 종합하고, 반성은 다수의 동기들을 종합한다고 할 때, 주목해야 할 것은 의식 주체는 무한의 관념, 즉 '모든 판명한 표상과 모든 규정적 동기를 초월하는 것'[14]의 관념을 가진다는 것이다.

> 인간이 자유의지의 실재를 믿는 이유는 인간의 행동들에는 식별이 불가능한 무한이 들어 있기 때문이다. 하지만 바로 이런 무한으로 인해 인간은 가장 구체적이고 명확한 행위에서조차도 무한정하게 다양한 가능성들에 대한 느낌을 유지하는 것이다. 자연의 존재들은 어떠한 독창성도 가지고 있지 않으며 그들의 존재로 존재해야 할 어떠한 가치도 가지고 있지 않다. 이와 반대로, 어떻게 보면 인간은 결코 지금 존재하고 있는 그대로 존재하는 것이 아니다. 왜냐하면 모든 것이 실현됨에 따라 인간에게는 모든 것이

가능하기 때문이다.[15]

의식이 각 동기들과 구분되며 이것 또는 저것을 할 수 있다는 의미에서 최소한의 자유의 순간은 인정될 수밖에 없다. 동기가 동인들로 환원되지 않는 것처럼 자유도 동기들로 환원되지 않는다.

그러나 인간이 자유로울 수밖에 없다고 보는 것이 인간의 진정한 자유를 말하는 것은 아니다. 자유는 출현했지만 아직 자유가 발휘된 것은 아니기 때문이다. "방금까지 드러난 사실은 우리가 이성적이고 자유로울 정도로 우리의 주인이라는 것이 아니라, 왜 우리가 필연적으로 이성적이고 자유로운가 하는 것이다."[16] 50년 후에 사르트르가 말한 것처럼, 인간은 자유에 선고된 존재로서 자유로운 행위에 대해 책임이 있다. 의식에 필연적으로 산출된 자유는 영향을 발휘할 수밖에 없으며, 사산死産되지 않기 위해서는 의지적 행동으로 표현되어야 한다. 인간은 원하고 행동하는 존재이다.

행동으로서의 자유 개념에 반하는 여러 자유 개념들을 진단해 보자. 무차별성의 자유, 선의 결정론, 그리고 도덕적 형식주의가 비판적 고찰의 대상들이다. 무차별성의 자유는 애호주의의 태도와 유사한 개념이다.[17] 주체가 여러 동기들과 구분되는 무차별의 순간이 있는 것은 사실이다. 그러나 그 어떠한 개별적 동기에도 동의하지 않는 자유는 사산적이고 불모적인 태도에 불과한 것이다.

> 반성적 지성은 행동의 기관이지 행동의 최상 원리가 아니다. 자기 자신과 자신의 고유한 충분성에 안주하는 지성은 결국 모든 대립들을 계속적으로 인정하고 모든 가능들을 일관성 없이 욕망함으로써 나타나는 의지의 무능력

만을 생겨나게 할 뿐이다. 지성은 삶의 모든 형태들에 열중하면서도 이들 중 어느 것도 실현할 덕을 지니지 않은 불모적인 애호주의가 될 수 있다.[18]

무상의 행위가 이미 무상의 행위에 대한 의지를 함축하는 것처럼, 철저한 무차별성의 자유는 정당화될 수 없는 개념이다. 자유는 여러 동기들 중 하나를 택함으로써 자신을 규정하는 구체성을 가져야 하는 것이다. "자유로운 자유는 원하기를 원하는 자유, 자동적 성향들의 자연적 유효성을 우선 제거하고, 그 중 하나에 결심의 이유를 설정하고서 그것의 매력에 동의하는 자유다."[19]

그러나 가장 합리적인 동기가 가장 우월한 동기가 되지 않겠는가? 이런 것이 주지주의의 개념이며 '선의 결정론' 혹은 '소크라테스적 역설의 현대적 형태'[20]라고 명명할 수 있는 태도다. 사유를 통해 여러 동기들을 고찰하는 순간이 있다는 것은 사실이다. 그러나 주지주의는 한 동기가 다른 동기보다 우월한 이유를 설명하지 못한다. 주체의 개입 없이 여러 동기들 간의 위계 설정이 가능한 것인가? 바로 이 점에서 행동의 개념과 행동의 실현 사이의 구분, 주체적 의지volonté voulante와 대상적 의지volonté voulue의 구분을 도입해야 한다. 주체가 여러 동기들 중 하나를 자기 것으로 할 때, 즉 선택과 함께 주체의 목적이 투영될 때 비로소 동기들의 위계가 설정된다. 그런데 하나의 동기를 선택하면서 인정해야 할 것은 원해진 것voulu에는 항상 원하는 것voulant이 현전한다는 것이다. 달리 말하면 한 동기의 선택 이유를 제시하면서 인정해야 할 것은 주체는 단번에 자기 자신에 이르지 못한다는 것이다. 즉, 주체는 '행동의 원리'와 '실현해야 할 목적'[21]으로 구분되는 이원성을 갖게 된다. 이 점에서 스피노자의 코나투스 개념은 '대상적 의지'의 측면이 없기 때문에 보완되어야 한다.

주체적 의지는 주체적 의지인 동시에 대상적 의지여야 하기 때문에 주체적 의지가 단일할 수 없다는 것은 이미 중대한 사실이다. 그런데 대상적 의지는 주체적 의지로부터 직접적으로 파생되지 않는다. 주체적 의지에는 어떠한 유한에도 만족할 수 없는 무한이 잠재적으로 존재한다. 하지만 다른 한편으로, 의지는 규정되지 않고서는 원할 수 없기 때문에, 차이 있고 대립적인 목적들 중에서 어떤 목적을 필연적으로 선택해야 한다. … 바로 이런 사실로 인해 반성적 삶은 자연적 삶이 요구할 수 없는 가치를 갖는 것이며, 바로 이런 사실이 인간은 자신을 부정하지 않고서는 자신의 존재를 발전시킬 수 없으며, 자신을 희생하지 않고서는 자신을 원할 수 없다는 것을 보여주는 것이다.[22]

간단히 말하면 선택된 행위는 의지의 모든 것을 고갈할 수 없기 때문에 의지는 모든 개별적 행위들을 넘어선 목적이 되며 행동은 의지의 방정식을 위해 의미를 갖게 된다.

마지막으로 도덕법칙에 대한 지향의 순수성을 강조하는 칸트의 내적 자유 개념이 있다. 물론 도덕의 의무가 감성적 경향성이나 타산적 계산에 의해서가 아니라 그 자체로 추구되어야 한다는 점에서 칸트의 견해는 타당하다. 그러나 칸트가 의지의 자율성을 실제적 행동이 아닌 지향에서 찾는다는 점은 문제가 있다. "도덕 형식주의가 그러는 것처럼, 현재적 자유를 목적으로 제안하는 것, 의지의 자율에 결정적으로 머무는 것은 최초의 의무를, 그리고 그 안의 다른 모든 의무를 무시하는 것이며, 자유의 순수함과 완벽함을 보존한다는 명목으로 자유를 그 최초의 빈약한 형태에 한정시키는 것이며, 자유의 죽은 이미지만을 간직하는 것이다."[23]

칸트는 가지적인 것과 실재적인 것을 분리하면서 그 사이에서 인간의 의지가 편안하게 움직일 수 있는 틈을 찾아낸다. 하지만 이 틈은 비어 있지 않을까? 그리고 형이상학적 관념론에 반대하여 칸트가 전개한 비유를 칸트에게 다시 돌려보낼 수 있지 않겠는가? '가벼운 비둘기가 공기의 저항을 느끼며 재빠르고 자유롭게 날고 있을 때, 이 비둘기는 만일 공기가 없었다면 더욱 잘 날 수 있을 것이라고 믿을 것이다.' 바로 여기에 인간 의지의 환상이 있는 것이다. 인간 의지는 절대진리와 절대존재의 작용을 덜 받을수록 더욱 자유롭게 행동한다고 믿는다.[24]

여기서 이미 절대존재를 근거로 한 형이상학의 건립을 시도하자는 것이 아니다. 자유 개념을 다루면서 확립된 것은 자유는 필연적으로 의식에 산출되지만, 외부로, 즉 현상에 던져질 때 비로소 진정으로 자유로운 모습을 가지게 된다는 것, "즉각적인 자율의 불가능성은 불가피한 유출처럼 우리를 행동으로 이끈다."[25]는 것이다. 자유는 행동을 통해 타율의 법칙, 즉 외부세계의 법칙을 따른다. 여기서 우리는 다시 한 번 실체적 연결고리 개념의 적용을 볼 수 있다. 앞서 설명한 것처럼, 자유는 필연적인 것도 임의적인 것도 아니며, 본질(관념)의 차원에서는 규정된 결정론을 승인하고 자기화하는 절차다. 자유는 지향을 육화시키고 세계 속에 자신의 환경을 만들어 가는 절차다. 자유는 '선행先行하는 결정론'에서 나오지만, 행동을 통해 지향이 각인되어 가는 '후속적인 결정론'[26]으로 전개되어야 하는 것이다. 행동을 통해 자유는 현상 속에서 전개된다.

행동과 몸

내적 자유는 다수의 성향들을 동시에 만족시킬 수 없는바 그들 가운데 하나를 채택함으로써 외재화되어야 할 필연성에 직면한다. 내부는 현실화되기 위해 외부로 드러나야 한다. 이제 이런 외재화의 의미를 살펴보자.

의지로 하여금 자신으로부터 나오도록 하는 것은 의지 자신의 내적 갈등이다. 그리고 의지가 자신으로부터 탈출하면서 우선적으로 마주치는 것은 몸이다. 그러나 이 부분에서 우리는 다시 스피노자의 작업과 충돌하게 된다. 실제로 스피노자는 외부성의 두께를 진지하게 인정하고서 외부성을 하부 원인들로 해체시키고 이 원인들의 인식과 수용을 통해 외관을 통제하고자 한다. 구체적으로 말하면, 스피노자의 철학에서 모든 정신적 갈등은 근본적으로 이미지들의 생리적 메커니즘에서 비롯된다. 즉 수동적이고 모호한 모든 것은 상상, 연상 및 환각의 논리, 달리 말하면 뇌의 메커니즘에 기인한다.[27] 그리고 이런 육체적 변용은 외부사물에 대한 기계적 반응이다. 스피노자 윤리학의 본질적인 작업은 육체적 변용에 따라 이루어지는 연결을 '지성의 질서에 따라서 생기는 관념의 연결'[28]과 구분하고 첫 번째 연결을 두 번째 연결에 따라 조직하는 데 있다. 간단히 말하면, 몸의 가변적 상태와 관련된 지각과 정서의 비연속성들에서 벗어나려면 지성의 빛에 따라 그 메커니즘을 인식하고 정돈해야 한다.

그렇다면 경험적 의식은 전적으로 '몸의 구심적求心的, afférente 작용'[29]에 의존된다는 의미인가? 경험적 의식을 나타나게 하는 무의식적 요소들의 작용은 분명 인정되어야 한다. 그러나 우리가 경험적 의식이 어디서 양분을 취하는지 그리고 어떻게 뇌의 기능에 연결되어 있는지를 과학을 통해 알게 된다고 해도

의식이 자신의 내적 현상들이 어디서 나타나는지를 모르는 것은 아니다.[30] 그렇지만 의식의 무의식적 기원을 인정할 경우 결국 의식은 단지 생리적 요소들의 일시적인 결과로 간주되지 않겠는가? 어떤 목적을 실현하기 위해 사유와 의지가 구체적 표상에 '원심적遠心的, efférente 작용'[31]을 가한다고 할 때, 이 작용은 몸의 구심적 작용의 다른 이름이 아니겠는가? 간단히 말해, 행동의 몸le corps de l'action은 몸의 행동l'action du corps의 이면이 아니겠는가?[32] 그러나 이런 주장을 인정해야 한다고 가정하더라도 우리는 의식을 생리적 원인들에 의해 설명하려는 이유가 무엇인지 질문을 던져야 한다. 이 질문에는 다음과 같이 대답할 수밖에 없다. 몸이 내적 자유의 지향에 순종하지 않기 때문에 우리는 몸에 대한 의식을 갖는다. 달리 말하면, 우리가 우리 자신에 직접적으로 이르지 못하기 때문에 몸은 구체적 형상을 띠고 나타나는 것이다. "활동이 생각을 따를 때는 어떻게 이 활동이 수행되는지 알 필요가 없다. 부조화와 저항이 있을 때는 그것을 알 필요가 있다."[33]

따라서 우리는 주체성과 목적성을 환상으로 간주하는 스피노자의 비판에도 불구하고 다시 주체성과 목적성을 상정해야 할 뿐 아니라 심지어 몸까지도 주체와 목적에 편입시키게 된다. 보다 정확히 설명해 보자. 몸의 구심적 작용이 주체의 행위를 결정하는 것처럼 보인다면 주체의 행위도 역시 결단을 통해 표상에 원심적 작용을 가한다. 의지의 원심적 작용은 핵심적인 세 단계로 이루어진다.

1) 저항을 받기 전의 원심적 행동은 무의식적인 방식으로 몸에 퍼져 있지만 그 육체적 결과들에서는 비가시적인 상태에 있다. 이 단계는 내적인 결심의 단계다.[34]

2) 원심적 행동은 자신의 주체적 본성에서는 지각되지 않다가 저항을 통해 육체적 결과들에서 지각된다. 이 단계는 행동이 수동성과 마주치고 '행동의

몸'이 드러나는 단계다. 행동의 몸은 '우리의 안과 밖에서 우리를 우리 자신으로부터 분리시키는 모든 것'을 말한다. 이 단계에서 정신적인 것이 육체적인 언어로 형상화된다.

3) 원심적 행동은 현실 속에 육화되지 않은 상태에서 '운동 표상'으로서 지각된다. 운동 표상은 '신체 기관들의 은밀한 공모와 함께 우리 안에서 점진적으로 작동하는 이미지'[35]다. 그리고 이런 원심적 행동에 결국 몸의 구심적 행동이 결합됨으로써 행위자의 계획을 확인하고 종결하고 승인하게 된다. 이런 과정이 바로 주체적 생리학의 생동적인 절차다.

따라서 몸은 익명적인 물질이 아니라 실현해야 할 목적으로서, 즉 욕망의 대상으로서 간주되어야 한다. 물론 몸은 장애물이지만 동시에 주체적 의지와 대상적 의지를 결합시킬 수단이기도 하다. 미지의 대상이 인식의 외부에 존재하면서 우리에게 노력을 요구하는 것은 삶의 근원에서부터 주체적 의지와 대상적 의지 사이에 부조화가 현전하기 때문이다. 즉 "주체적 의지와 대상적 의지는 몸의 저항이나 이겨내야 할 수동성의 형태로 서로에게 나타난다."[36]

블롱델이 강조하는 주체적 생리학은 스피노자적인 객관적 생리학을 제거하지 않으면서도 그것을 보완함으로써 초월한다. 주체성을 정죄하는 스피노자의 비판적 분석은 오히려 주체성의 영역을 확장하며 주체성은 주체적 의지와 대상적 의지의 통일성을 끊임없이 갈망하기 때문이다. 작용인과 목적인, 과거와 미래는 새로운 종합을 위해 상호 침투함으로써 '영속적인 회로'[37]를 형성한다. 한번 행동한 후에는 새로운 시야가 열리며 낯선 삶이 행위자에게 병합된다. 의지도 인식도 이전과는 다르게 바뀐다.

그런데 주체적이고 구체적인 생리학이 행동의 몸을 확립한다고 할 때 문제는 몸의 행동, 즉 정념에 있다. 역설적으로 정념의 분석에서 블롱델과 스피노자의 견해는 일치하는 것 같다. 행동action과 정념passion이 어떤 공통적 기원을 통해 서로 대체되는지 살펴보자. 실제로 스피노자에 따르면, 정념은 경험적 인간에게 주어진 세 종류의 본래성, 즉 욕망, 의식, 그리고 무지의 조합으로 전개된다. 그러나 욕망의 원인에 대한 무지 혹은 반半 의식만으로는 징념의 전개과정을 설명할 수 없는 것 같다. 무의식적 원인들에 대한 무지에도 불구하고 욕망이 자유롭게 행동하기 때문에, 혹은 자유롭다는 상상을 통해 행동하기 때문에 정념의 광대한 장場이 펼쳐지는 것이다. 따라서 정념들의 전개과정을 맹목적인 자동 현상이라고 봐서는 안 된다. 물론 스피노자의 정념론에서 병리 현상, 착란, 과도한 욕망 등의 비정상적 행동들의 메커니즘이 자동적으로 혹은 기계적으로 전개되는 인상을 주는 것은 사실이다. 그러나 정념의 전개와 확장의 거의 매 단계마다 스피노자는 일종의 공리주의적 계산과 평가를 실행하는 의식적 욕망의 역할을 강조한다. 달리 말하면, 의식적 욕망은 막연하지만 자신 안에 현전해 있는 침전 요소들에 지배된 상태에서 주체적 결정을 내림으로써 전진하며 그러한 결정에 의해 억압된 성향들이 다시 나타나고 지배권을 획득할 때 병리적 결과들을 겪게 되는 것이다. 그렇게 추상적으로 배제된 성향들이 최초의 결심에 저항하여 단합함으로써 이 결심의 이유가 될 때 본격적인 의미의 정념이 주체를 지배하게 된다. 이제 행동이 어떤 방식으로 정념으로 이전되는지 블롱델과 함께 다음과 같이 요약할 수 있겠다.

> 의식에 자연스럽게 제공된 다양한 동기들은 하나의 동일한 전체적 체계의 부분들로서 파악된다. 그리고 자유로운 결심은 이런 부분적 성향들을 포함하는 종합으로서 나타나며 특권을 받은 성향을 실현하는 데에 다른 모든 성향들

의 힘을 사용한다. 따라서 판단은 전체에 대해 내려지는 것이며 행동은 전체를 포괄한다. 그런데 의지가 자신을 결정하면서 내린 선전포고를 받은 힘들, 혹은 의지가 행동하지 않는 틈을 타고 전개되는 힘들의 동맹이 지배력을 가질 때 의지 행위의 위조는 완벽해진다.[38]

간단히 말해, 무의식적 원인들로부터 출현한 자유로운 의식은 다시 무의식적 원인들에게 작용을 가하고 또 작용을 받는다. 이런 상호작용이 바로 행동과 정념이 상호 침투하게 되는 메커니즘이다. 그리고 이 메커니즘의 연결고리, 즉 행동과 정념의 공통적 기원이 바로 자유다. 그렇다면 정념의 문제는 어떻게 해결할 것인가?

인격의 구성

정념은 자유와 본질적인 관계에 있다는 블롱델의 행동철학이 스피노자의 결정론을 보완하고 초월하면서 제시한 관점이다. 그러나 치러야 할 대가는 크다. 정념 없는 행동은 없기 때문이다. 이제 행동과 정념을 생동적인 종합을 통해 화해시킬 때 비로소 인격이 구성된다는 점을 제시해야 한다.

정념은 최초의 결심과 함께 선택된 동기를 위해 배제된 동기들에 의해 수동적으로 이끌리는 주체의 상태를 의미한다. 물리적인 차원에서나 정신적인 차원에서나 정념은 교란, 특수성에 대한 고착화, 불균형, 즉 통일성 및 일반성의 결핍과 관계된다. 프랑스 대학의 학생들 사이에 회자되듯이 "특수한 것은 동물적이다

Spécial, bestial."[39] 정념은 개인의 구성을 방해한다. 개인은 몸과 정신의 종합이기 때문이다. 어떻게 혼란한 정념을 극복하고 개인성을 온전하게 확립할 것인가?

자유로운 행동에 의해 겪을 수밖에 없었던 것은 역시 자유로운 행동에 의해 극복할 수밖에 없다. 우유부단, 무기력, 적대적 성향들을 몰아붙이고 응축하며 분리 불가능한 전체적 힘을 통해 그것들을 생동적인 시니지에 가담시킬 수 있는 것은 행동뿐이다. 의식 안에서는 이미지들과 욕망들, 그리고 갓 시작된 운동들이 여러 방향과 여러 층으로 분산되게 마련이다. 행동은 이렇게 분산된 에너지를 때로는 폭력적으로 집결시키며 육체적 활동의 협력을 통해 사유의 집중을 실현한다. 행동은 가능한 모든 활동을 흡수함으로써 몸과 정신의 공동 표현을 이루어 낸다. 행동하지 않는 한 우리는 우리 자신을 알지 못한다.

이런 점은 단순한 경험적 확인이 아니다. 우리의 의식이 단지 몸에 의한 작용에 의해 결정된다거나 단지 정신에 의해 몸이 수동적으로 움직인다고 주장하는 것은 삶의 참모습을 왜곡하는 것이다. 데카르트가 말했듯이 정신은 몸이 없는 척할 수도 있으며,[40] 다른 한편으로 우리는 정신의 명령이 몸에 작용하는 방식을 알 길도 없기 때문이다. 실천적 관점에서, 즉 행동의 관점에서 삶을 바라봐야 한다. 몸의 구심적 운동과 의지의 원심적 운동 간의 계속적인 교차는 실제적 행동이 '육체적이고 정신적인 전체'[41]와 결부된 것이라는 점을 제시해 준다. 그러나 지향의 실천은 지향의 무한한 능력을 빈약하게 만들고, 항상 출현할 준비가 되어 있는 정념을 촉발하지 않겠는가? 특정한 행위에 동의하는 의지가 참된 의지인지 어떻게 알 수 있겠는가? 그것을 알도록 해 주는 것도 역시 행동이다. 그리고 행동이 숨겨진 정념을 드러나게 한다고 해서 모든 것을 잃은 것이 아니다. 그것은 발전이고 미래의 교훈이며 '행동의 행동'[42]이다. 내면적 불확실성을 해결하고 우리에게 숨겨진 가장 내밀한 비밀들을 드러내주는 것은 행동이다. 그렇기 때문에 행동은 우리 자신의 깊은 상태를 알려 준다. 심지어 과실도 우리를 유혹했던 악을 드러냄으로써 미래를 준비하도록 해 주며 우리 자신을 단련시켜 준다. 진실성을 보증해 주는 기준은 행동이다. 스피노자에게 지성이 지성 자체의 규범이라면 블롱델에게 행동은 행동 자체의 규범이다.

행동을 하면서, 그리고 행동을 한 후에 비로소 개인이 구성된다. 지성, 단순한 의지, 심지어 원하기를 원하는 의지도 우리를 정념에서 해방시켜 주지 못한다. 정념을 나타나게 한 것이 행동이라면 정념을 이길 수 있는 것도 행동뿐이다. "이미 이루어진 것의 견고함을 근거로 그리고 마치 뛰어넘은 성벽을 등진 것처럼 우리는 수세에서 공세로 이행한다. 행동은 정복이다."[43] 행동한다는 것은 몸의 가장 미세한 부분들에까지 지향을 스며들도록 하는 것인 반면 행동하지 않는 것은 적들로 하여금 지향에 저항하여 동맹을 맺도록 방치하는 것이다. "행동하지 않는 자는 해체된다."[44] 적에 맞서 기다리지 말고 직접적으로 행동해야 한다. 적을 자극하고 투쟁을 통해 새로운 의식 상태를 일깨워야 한다. 정신적 관조를 통해 감정들의 대립과 내적 성향들의 부조화로부터 탈출할 수 있는 것이 아니다. 행동만이 그러한 탈출을 가능케 하며 따라서 행동은 의지와 자유의 확장이다.

결론적으로 행동은 지향의 축소가 아니며 정념의 이면도 아니다. 행동은 대립적인 성향들을 '조합의 힘'으로 집결시킴으로써 우리를 우리 자신과 화해시켜 준다.[45] 행동은 '우리 안의 분산된 삶의 체계적 응축'이며 '자기 자신의 소유'[46]이다. 따라서 의식에 주어진 여러 성향들 가운데 다른 것들을 배제하고 하나를 현실화함으로써 나타나는 외형적 희생은 실제로는 삶의 풍성함이고 구체화다. 배제된 성향들은 이루어진 행동 후에 새로운 역할을 맡게 된다. 이미 언급했듯이,

삶은 영속적인 회로다. 그러나 회로가 닫혔다는 것을, 진정으로 종합이 이루어졌다는 것을 어떻게 알 수 있는가? 그것은 행동을 승인하러 찾아오는 근원적 정서를 통해서다. 아리스토텔레스에 의거하여 우리는 다음과 같이 말할 수 있다. "기쁨은 행동에 첨가되며, 이는 행동을 완전하게 하기 위해서가 아니라 행동이 완전했음을 증명하기 위해서다."[47]

기쁨과 함께 정념은 종결되는가? 그렇지 않다. 삶의 회로는 닫히자마자 다시 열린다. 행동은 무한한 역동성이며 영속적인 탈출이다. 우리는 오직 행동을 통해서 존재하고 인식하며 삶을 영위한다.

사회적 몸은 가능한가?

현대사회는 표현의 사회이다. 이것은 이미 벤야민의 〈기술복제시대의 예술작품〉에서 예견되었던바, 그는 기술복제시대로 들어서면서 완결된 예술작품 및 그것의 감상자는 점점 줄어들고 모든 사람들이 표현하려는 욕구를 갖게 될 것이라고 말한다. 그런데 그 모든 표현들이 특히 인간관계에서 내부와 외부의 만남, 외부와 외부의 만남을 만들지 못한다면, 탄생하자마자 소멸해 버리는 외침처럼 산산이 흩어질 것이다. 의미과잉의 시대는 곧바로 의미의 곤궁으로 이어진다. 메를로-퐁티가 몸의 주체를 도입한 이유는 근대 이후 지속된 내면적, 자기반성적, 성찰적 주체를 벗어난 주체, 몸짓이나 표현으로서 자신의 외재성을 자신의 일부로 삼는 주체로 향하기 위해서였으며, 그러한 외재성을 통과해야지만 나와 타인, 혹은 나와 또 다른 나의 관계가 가능하다고 생각했기 때문이었다. 그는 후설의 구성constitution 개념에 반대해서, 의미는 사유에 의해 구축되는 게 아니라 몸짓들의 수용과 모방에 의해 자발적으로 설립되는 것이라고 말한다. 즉 의미는 이미 상호 주관적인 의미이며, 이는 몸을 가진 주체에 의해서만 가능하다. 그렇게 만들어지는 세계에서 주체는 더 이상 고립된 주체가 아니며, 나와 너와 그와 그녀는 교차하면서 의미를 생성해 내는 세계의 살 속에 있게 된다. 이 글은 몸짓의 교환과 교차에 의한 사회, 의미론적 사회보다 더욱 본원적인 사회를 메를로-퐁티의 사상을 적용하여 규명해 보려고 한다.

정지은

몸과 표현의 주체

나는 나의 정신인가, 아니면 나의 몸인가? 이 문제는 데카르트가 영혼과 신체를 분리한 이후 계속된 문제이다. 하지만 표현이 성찰을 대체하기 시작하면서, 몸짓이 사고보다 본원적인 의미작용으로서 고려되면서, 그리고 몸의 지위가 복권되면서 저 문제는 이제 낡은 문제인 것처럼 보인다. 이제 표현과 몸짓은 생물학적이거나 기계적인 단순한 원리를 따르지도 않거니와 주체의 '사고'를 실어 나르는 데 불과한 것도 아니게 되었다.

대표적인 신체의 철학자인 메를로-퐁티는 주저인 ≪지각의 현상학≫에서 경험주의와 주지주의를 모두 비판하면서, 전자의 이론에서 주체가 사라져 버렸다면 후자의 이론에서는 사고의 주체만이 있다고 말한다. 다시 말해 경험주의는 인간의 표현 활동을 단지 자극과 반응으로 설명함으로써, 그리고 주지주의는 인간의 표현 활동을 사고에 비해 파생적이며 이차적인 것으로 만듦으로써 표현을 왜곡할 뿐만 아니라 주체를 변형한다. 경험주의와 주지주의가 모두 볼 수 없었던 것은 무엇인가? 메를로-퐁티에 의하면 그것은 살아 있는vivant 주체이다.

살아 있는 주체는 일찍이 존재한 적이 없었던 말이나 의미를 세상에 내놓는 주체인데, 가령 "자신의 첫 낱말을 발화하는 아이의 말, 자신의 감정을 드러내는 연인의 말, '말을 했던 최초의 인간'의 말, 혹은 전통을 넘어서 원초적인 경험을 상기시키는 작가나 철학자의 말"[1] 이 그러한 것들일 것이다. 이러한 경험들은 창조의 현상학적인 경험인바, 일상적이고 고정된 의미의 언어 경험에 균열을 내거나 객관 언어가 그 자체로서 충족되지 못하게 만든다. 그런데 이것만이 전부가 아니다. 상기한 다섯 가지의 말은 또한 모두 타자를 향하고 있다는 공통점을 가진다. 아이는 아마도 첫 낱말을 자기와 가장 친밀한 어머니를 향해 발화할 것이며, 연인은 사랑의 대상을 향해, 최초의 인간은 자신과 동류인 다른 인간을 향해, 작가와 철학자는 대중을 향해 말할 것이다. 말의 기투는 늘 침묵—혹은 공백—을 깨기 위해 일어나지만, 거기에는 언제나 타자가 전제되어 있다. 왜냐하면 만일 타자가 없다면, 인간은 자기만족 속에서 아무런 결여를 갖지 않을 것이기 때문이다. 그렇기에 나로부터 나를 반영하는 언어, 자기 자신만을 반사하는 언어는 표현이나 몸짓이 갖는 본래적인 의미를 드러낼 수 없을 것이다.

몸짓과 연결된 말, 다시 말해 화자는 의식하지 못하는 사이에 억양, 말투, 목소리의 고조, 휴지 등등을 통해 수반되는 의미작용을 포함하는 말[2]과 그러한 말이 기존의 어휘들과 문법 체계와 같은 객관적 틀에 의해 걸러진 말, 이 두 가지 말을 구분하지 않고서는 메를로-퐁티가 구분하는 두 가지 말을 이해하지 못할 것이다. 전자의 말이 타자와 세계와의 관계를 전제하는 말이라면, 후자의 말은 이를테면 발전된 알고리듬으로도 생산할 수 있는 말인바, 우리는 전자의 말을 더 인간적이면서도 사회적인 언어로 삼고자 한다.

우선 메를로-퐁티가 구별하는 말하는 말parole parlante과 말해진 말parole parlée에 대해서 살펴보자. 첫 번째 말은 '의미작용적 지향이 발생하는 상태에 있는 말'로서 자연적 존재에 대한 우리의 실존의 초과이다. 두 번째 말은 그처럼 설립된 말이 다시금 획득된 의미의 저장고寶庫 안에서 침전된 말이다. 일견 첫 번째 말이 원초적인 경험에 근거한 본원적인 말에 가깝게 보일 수도 있지만, 메를로-퐁티는 그렇다고 두 번째 말, 즉 침전된 언어, 이미 획득된 언어를 불필요하다고 보지 않는다. 언어는 말해졌을 때, 이 언어가 타인들에 의해 되풀이되거나 이러한 되풀이의 과정을 통해 이해된다면 그 언어는 문화적인 언어로서 설립된다. 하지만 언어가 무엇보다도 말인 한에서, 즉 말이 몸짓을 통해 표현되는 사고의 육화肉化인 한에서, 언어는 온전히 객관화될 수 없다. 언어는 자체적으로 늘 어떤 열림을, 그 자체로 완결될 수 없기에 새로운 창조를 촉발하는 그러한 열림을 함축한다. 요컨대 말해진 말이 없다면, 말하는 말도 없을 것이며, 문화적인 획득물이 없다면 그 내부에서 새로운 창조의 과정도 일어나지 않을 것이다.

심인성 실어증을 보자. 실어증의 사례는 심리학자뿐만 아니라 언어학자에게도 지대한 관심을 불러일으켰다. 침전된 언어적 의미에서 아무런 균열이나 열림을 갖지 못하는 일상적 언어습관이, 창조와 표현의 능력을 점차적으로 잃어버린 일상적 언어습관이 우리가 쉽게 인지하지 못하는 언어 장애를 나타낸다면, 실어증은 말의 기투 능력을 잃어버림으로써 그보다 더 뚜렷한 언어 장애를 보여준다. 야콥슨은 자신의 은유와 환유 이론에 기대어, 실어증이 선택과 대체 능력 또는 조합과 구성 능력에서의 결함에서 기인한다고 본다.[3] 하지만 이러한 설명은 객관화된 언어를 미리 전제한다는 점에서 실어증을 현상학적 · 표현적 몸에서의 장애로 보았던 메를로-퐁티의 설명과는 차이를 갖는다.

일단 우리는 실어증을 단지 말을 하지 않는 것으로 보아서는 안 될 것인데, 왜냐하면 말을 하지 않는다는 것은 말할 능력을 가지고 있지만 그 능력을 행사하기를 거부한다는 것을 의미하기 때문이다. 이것은 의지적 선택이다. 반면에 실어증은 메를로-퐁티의 설명에 따르면 실존적 상태에서의 장애이다. 실어증의 해명이 중요한 이유는 그것의 원인을 추적함으로써 몸과 언어가 어떻게 관련되어 있는지, 그리고 그렇게 이해된 언어가 어떻게 타자나 세계와의 관계에서 필수적인지를 알 수 있기 때문이다.

≪지각의 현상학≫에서는 실어증에 대한 분석이 두 번 등장한다.

한 번은 "표현으로서의 신체, 그리고 말"이라는 장에서, 그리고 다른 한 번은 "성적 존재로서의 신체"라는 장에서다. 실어증에 관한 두 가지 설명에서 우리는 두 가지 원인을 찾을 수 있는데, 첫 번째 원인이 신체의 본원적 작용에 있다면 두 번째 원인은 타자나 세계와의 관계에 있다. 우선 실어증에 걸린 환자는 정상인이 소유하는 것을 상실했는데, 그가 상실한 것은 '저장된 단어들이 아니라 이 단어들을 사용하는 어떤 방식'이다.[4] 메를로-퐁티는 당시 실어증 이론들이 표상의 기능이나 범주적 활동을 문제 삼았지만, 그 이론들이 향한 것은 우리가 생각하는 것과는 반대로 지성적 능력의 장애가 아니었다고 본다. 오히려 메를로-퐁티는 그 이론들이 사고와 객관적 언어를 세계를 향한 인간의 두 가지 기투 행위의 표명으로 정식화했다고 생각한다. 말은 무엇보다도 몸짓에 의한 의미지향적 작용이며, 몸짓과 언어가 분리되지 않았기에 말하는 행위는 아직 선先객관적이라고 볼 수 있다. 하지만 말이 몸짓에만 머물러 있다면, 그것은 언어가 될 수 없을 것이다. 몸짓으로서의 말은 객관적 언어를 목적으로 한다. 더 정확히 말하자면 소통 가능한 의미의 전달자인 언어를 목적으로 한다. 또한 사고는 내적으로만 남아 있는 게 아니라 몸짓을 통한 표현 행위에 의해 완성되며, 그런 점에서 사고는 육화된 사고이다.

"성적 존재로서의 신체"에서는 보다 구체적인 실어증의 사례가 나온다. 사랑하는 남자를 만나는 것을 어머니로부터 금지당한 한 소녀는 잠과 식욕을 잃고 결국 말의 사용법을 잃는다.[5] 소녀는 아주 어릴 적 지진의 공포를 겪었을 때에도 말을 할 수가 없었으며, 이번 경우는 두 번째의 발병이다. 두 번째 발병만을 보면 사랑과 성적 욕망이 문제가 되었으므로 소녀의 실어증은 성적 실존에서의 장애로서 고려될 수도 있다. 하지만 메를로-퐁티는 말하는 '입'에 고착된 것이 프로이트가 말하는 구순기적 성적 실존만이 아니라고 본다. 거기에 걸려 있는 것은 '말'이며,

소녀의 실어증은 '말이 매개 수단인 타인과의 관계들'에 대한 실존적인 거부를 나타낸다.

> 소녀 환자는 가족 환경 가운데서 가지는 관계의 삶을 중단한다. 보다 일반적으로 그녀는 삶과 단절하는 경향이 있다. 그녀가 더 이상 음식물을 삼킬 수 없다면, 그것은 삼킴이 사건들에 의해 자신을 실어 나르고 또한 사건들을 동화하는 실존의 운동을 상징하기 때문이다. 그 환자는 자신에게 강요된 금지를 글자 그대로 '삼킬' 수가 없다.[6]

타자와의 관계가 중단되었을 때 동시에 중단되는 것은 타인과의 공共실존이고 실존적 삶 자체이다. 실어증 소녀는 욕망 충족이 불가능해졌을 때, 실존적 삶을 거부하고 언어를 통한 자신의 육화—몸적 표현—를 거부한다.

타자와의 관계는 실존적 삶의 일부이며, 육화된 사고의 표현인 말로서 나타난다. 언어는 상징적이고 객관적인 틀 안에서의 소통을 지향하지만, 동시에 말로서의 언어는 타자와의 실제적 관계에서 동기화되는 개인의 실존적 삶의 기투이다. 말을 기투하는 능력을 잃어버린 실어증은 또한 세계나 타자와의 관계를 상실한 것이라고 할 수 있으며, 실어증의 사례를 통해 우리는, 부정적인 방식으로, 몸짓이나 몸에 의한 표현이 필연적으로 타자와의 관계를 전제로 한다는 것을 알 수 있다. 그런데 보다 직접적으로 몸짓이 타자와의 관계를 전제로 하는 경우가 있는데, 바로 모방이다. 앞으로 보게 되겠지만, 모방은 타자와의 관계를 전제로 할 뿐만 아니라 타자와의 관계를 창출하는 기능도 갖는다.

모방과 사회성

근대 계몽주의 사상가인 존 스튜어트 밀은 자유를 방해하는 요인 가운데 종교와 군주 이외에 대중 및 여론을 집어넣는다. 밀에 의하면 대중은 정신적 권위와 세속적 권위가 분리되기 시작하면서 생겨났는데, 세속적 권위에 만족한 "세상 사람들, 혹은 자기 주변의 세상 사람들로 하여금 자기 대신 자기 삶의 계획을 선택하도록 하는 사람은 원숭이 같은 모방 능력 이외의 다른 어떤 능력도 필요하지 않다."[7] 반면에 자유로운 사람은 내면적인 영역, 즉 사상에서의 자유를 추구하고, 자신의 삶의 계획을 선택할 줄 알며, 유사한 자유로운 사람들 간에 결사의 자유를 갖는다. 인간의 본질은 "모형을 따라 만들어져 지시된 일을 정확히 하도록 설정된 기계가 아니라, 자신을 살아 있는 존재로 만드는 내적 힘들의 성향에 따라 사방으로 성장하고 발달해야 하는 나무이다."[8] 그리하여 밀은 세 가지 자유의 행위 가운데 마지막 것인 결사의 자유는 오로지 관찰력과 합리적인 사고를 가지고 있으며 판별력을 이용해 결정할 줄 알고 결정했을 때는 확고함을 가지고 자신의 결정을 고수하는 성년만이 가져야 한다고 덧붙인다.

개인의 권리와 권위가 중요시되면서 거부해야 하는 것은 수직적이고 위계적인 강요만이 아니다. 자유에 대한 더욱 강력한 적인 대중[군중]도 거부해야 한다. 밀은 쉽사리 전체의 의견에 휩쓸리는 대중을 자유의 능력을 갖지 못한 약한 정신력의 소유자라고 생각한다. 하지만 우리는 밀의 대중에 대한 비판을 넘어서야 한다. 왜냐하면 대중은 평등 사회와 민주주의 사회의 도래 이후 출현할 수밖에 없는 집단이며, 그들에게 왕족이나 귀족이 본래 가지고 있었던 정신적 권위를 강요할 수는 없기 때문이다. 근대에 도래한 평등 사회에서 수직적 권위를 포함하는 질서는 개인을 억압한다는 비판 아래 점차 폐기되었고, 수평적인 작은 차이만을 가진 평등한 사람들 사이에서 모방은 훨씬 쉬워졌으며 대중의 형성은 자연스럽게 이루어졌다. 밀이 자유의 적이라고 믿었던 대중은 근대의 산물이다.

그런데 모방을 자유를 방해하는 행위로만 보아야 할까? 모방에서 어떤 사회성이 형성되지는 않을까? 모방은 정신분석적 관점에서 이미지의 모방이고 일종의 동일시의 행위이다. 모방의 효과는 상징적 질서 — 법이나 전통 — 와 달리 일시적이지만 파급력이 크다. 또한 모방은 성인이 되기 전 아이들의 세계에서 일반적으로 발견되는데, 아이들은 모방과 동일시를 통해서 또래 집단 속에서 자신의 정체성과 차이를 경험하게 된다. 줄리엣 미첼은 이제까지의 정신분석이 오이디푸스 콤플렉스에 근거한 수직적 관계에 집중하는 사이에 측면적 관계의 중요성을 제대로 평가하지 못했다고 주장하면서, 측면적 동기 관계에서의 무의식을 탐구한 ≪동기간≫에서 이렇게 쓴다.

> 아이는 또한 긍정적으로, 동기나 또래들과 더불어 모방적이면서도 상호작용적으로 아이가 된다. 부모와의 일차 동일시가 외상에 종속된다면(너는 너의 부모나 부모 중 한 명과 같다고 생각하지. 하지만 그렇지 않아. 적어도 지금은 아니야), 또래 집단과의 일차 동일시는 긍정적이며, 부정이 아니라 차이화에 종속된다(너는 타인들과 같지만 차이를 가지고서 그렇지). 이는 이후의 삶에서 또래 동일시가 총체적일 수도 있고 다양성을 병합할 수 있다는 것을 의미한다 — 집단은 때로는 획일적으로 구성되며, 때로는 개별 부분들로 분해된다. 그것은 또한 사랑과 증오, 경쟁과 질투와 선망이 사회적이며, 집단 안에서 특별히 측면적으로 습득되는 것일 수 있다는 것을 의미한다.[9]

2008년 촛불시위가 이전에 볼 수 있었던 시위와 달랐던 점은 대다수의 청소년들이 참가했다는 점이다. 광장에 나온 학생들의 인터뷰가 내게는 인상적이었는데, 그들은 모두 자신들이 어떤 정치적 선동에 의해 나온 게 아니며, 각자 자신의 생각을 좇아서 시위 장소에 나온 것이라고 강하게 주장하고 있었다. 여하튼 청소년들은 각자의 이유가 어떻게 다르든지 간에(차이) 동일한 몸짓으로 동일한 자리에서 집단을 형성했다(동일시). 물론 촛불 시위는 모방이 작용하고는 있지만 상호작용적이 아니라는 점에서 정신분석가 미첼이 동기나 또래에서 관찰했던 관계와 꼭 같지는 않다. 그리고 그렇기 때문에 촛불 시위는 이러한 시위 형태를 반대하는 많은 사람들이 비판하듯이 지속적이지 못하고 일회적이며 시위는 무위로 끝나는 것인지도 모른다.

그렇지만 우리의 관심은 모방이 동기가 되는 행동들의 정치적 역량이 아니다. 우리가 모방에서 주목하는 것은 일차적으로 모방이 몸짓이라는 사실이며 두 번째로 그러한 모방 행위가 사회적 기능을 갖는지의 여부이다. 앞서 말했듯이 모방은 이미지의 모방이다. 따라서 모방은 '시각적'인 것의 자극을 받는다. 동시에 모방은 행위이며 몸짓의 반응으로서 나타난다. 메를로-퐁티는 모방에서 자발적이며 능동적인 몸의 운동성을 보며, 그러한 몸의 운동성은 통합된 신체 이미지, 즉 '신체 도식' 덕분에 가능하다고 말한다.

아이가 엄마를 따라서 처음으로 어떤 낱말을 내뱉을 때 또는 맞은편의 누군가가 혀를 내밀거나 미소 짓는 것을 따라할 때 아이는 낱말의 음성적 구조를 알고 따라하는 것이 아니며, 행동의 움직임 하나하나를 분절하고 분석해서 따라하는 것이 아니다. 아이는 단번에 자신의 몸을 움직이고 목소리를 내는데, 이는 아이가 자신의 신체 도식을 소유하고 있기 때문이다. 신체 도식은 신체가 어떤 목표를 향할 때, 행동 하나하나를 의식하거나 분절하지 않고도 단번에 어떤 태도를 취할

수 있게 한다.[10]

> 정상적인 모방이 작동되는 공간은 — 절대적인 자리를 가진 구체적인 공간과는 대조적으로 — 사고 행위에 근거해서 세워진 '객관적 공간'이나 '표상 공간'이 아니다. 그것은 이미 나의 신체의 구조 안에 그려져 있고, 나의 신체 구조와 분리될 수 없는 상관물이다. '순수한 상태에서 포착된 운동성은 이미 의미를 부여하는Sinngebung 기본 능력을 소유하고 있다.'[11]

몸짓에 의한 의미작용은 객관적 언어의 의미작용과 다르며, 메를로-퐁티는 그것을 객관적 의미에 선행하는 선先객관적 의미라고 부른다. 예를 들어 우리는 타인의 말의 사전적이고 문법적인 의미를 이해하기 전에 그 말에 내재하는 몸짓의 의미작용을 파악한다. 정신에 의한 사고가 아닌 몸에 의한 사고[12]가 가능하며, 우리의 신체는 몸짓을 통해서 '전위, 등가, 동일시의 최초의 모델들을' 우리 자신에게 제공한다. 나는 나의 몸짓을 행함으로써 타인의 몸짓을 이해할 수 있고, 타인의 몸짓을 매개로 나의 몸짓에 의미를 부여할 수 있다.

모국어 속에서 그리고 동일한 문화 속에서 생활할 때 사람들은 행위의 맥락에서 말이 포함하는 의미를 잘 깨닫지 못할 것이다. 하지만 가령 낯선 나라에서 사람들은 낱말들의 의미를 행위의 맥락에서, 그 낱말이 쓰이는 바로 그 장소에서, 그 곳의 공동생활에 참여하면서 이해한다. 그리하여 "말을 통한 타인의 사고의 다시 붙잡기, 타인의 자리에서의 반성, 그리고 — 우리 자신의 사고를 풍요롭게 만드는 — 타인을 본뜨는 사고의 힘이 있다." 결국 말에는 내재적인 '몸짓의 의미작용signification gestuelle'이 수반되며, 낱말의 개념적 의미는 그러한 의미작용에서 추출되어 만들어진다.

우리는 이 절을 시작하면서 모방에 사회적 기능이 있는지를 질문했다. 모방은 타인을 본뜬 몸짓이라는 점에서, 그리고 몸짓이 내면적 사고를 표현한다기보다는 그 자체가 타인을 전제하며 외재적이라는 점에서 기본적으로 사회적이라고 말할 수 있다. 몸짓에는 관념적 의미보다 더 원초적인 의미가 있으며, 이 의미는 관념적이기보다는 실천적으로 나와 타인 간에 전이와 동일시를 가능하게 만든다.

언어적 의미와 몸적 상징의 의미

몸짓은 의미를 지향하는데, 이 의미는 선先존재하는 객관적 의미가 아니라 몸짓과 함께 도래하게 될 세계의 의미다. 그리고 몸짓은 고정된 사고를 넘어서는 실존적 표현을 가리키기에 몸짓은 예술적 창조의 특징을 가진다. 그런 의미에서 메를로-퐁티는 만일 타자의 텍스트나 말 속에서 의미지향적 몸짓이 지각된다면, 그때 우리가 지각하는 것은 타자의 존재 '스타일style'이라고 말한다.

> 내가 우선적으로 소통하는 것은 '표상들'이나 사유가 아니라, 말하는 주체이고 일정한 존재 스타일이며 그가 겨냥하는 '세계'이다. 타자의 말을 가동시킨 의미부여적 지향이 명시적 사고가 아니라 채워지려 애쓰는 어떤 결핍인 것과 마찬가지로, 그러한 지향을 내가 재개再開하는 것은 나의 사고 활동이 아니다. 그러한 재개는 나 자신의 실존의 공시共時적 변조이자 나의 존재의 변형이다.[13]

때로 우리는 타자의 말을 들을 때 내용을 듣기보다는 그의 어조, 손짓과 같은 몸짓, 말과 말 사이의 간격 등을 들을 때가 있다. 그리고 그것은 글로 쓰인 텍스트에 대해서도 마찬가지다. 적어도 저자가 독자와 마찬가지로 표현을 통해 일상적 세계 위에 자신의 고유한 세계를 펼친다면 말이다.

> 아직 잘 이해되지 않은 철학 텍스트가 — 스피노자적 스타일이건 비판적 스타일이건 현상학적 스타일이건 — 그 텍스트의 의미에 대한 최초의 스케치인 어떤 '스타일'을 적어도 내게 드러내듯이, 나는 그러한 사고의 존재 방식 안으로 미끄러져 들어감으로써, 그리고 철학자의 어조와 강세를 재생산함으로써 철학을 이해하기 시작한다.[14]

몸짓에 의한 흔적처럼 새겨지는 스타일은 객관적인 언어적 의미와 비교해서 언제나 과잉적인데, 왜냐하면 그것은 말해진 말, 즉 관념적인 의미를 넘어서 있기도 하지만 또한 상대방의 태도에 직접적인 영향을 미치기 때문이다. 그것은 일상적인 산문적prosaïque 언어에 대한 시적poétique 언어의 넘침이기도 하다.

세잔이 아주 어릴 적부터 발작의 친구였다는 사실은 잘 알려져 있다. 이 두 사람은 발작이 자신의 소설에서 세잔을 실패한 천재화가의 모델로 삼은 일로 인해 절교했지만, 그 전까지는 서로의 예술적 작업에 의해 동기를 부여받고 서로를 독려하는 절친한 관계였다. 메를로-퐁티에 의하면 세잔은 발작의 소설, ≪나귀가죽≫에서의 한 묘사를 그림으로 표현하는 것을 하나의 과제로 삼았다고 한다. "갓 내린 한 겹의 눈 같은 하얀 식탁보, 그리고 그 위에 황금빛 작은 빵들로 왕관을 쓴 접시들이 균형 있게 쌓아올려져 있다."[15] 세잔은 저 시적인 표현에서 달라지는 것은 빵들과 식기들의 자그마한 떨림들이며, 그 떨림들을 회화로 표현하는 것이 관건이라고 생각했다. 다시 말해 문제가 되는 것은 황금색이며 왕관을 있는 그대로 묘사하는 것이 아닌 것이다. 그리고 메를로-퐁티는 그러한 동요나 떨림이 산문적 묘사를 넘어서 있다면, 이는 그것들이 '세계의 문제'와 '고유한 신체의 문제'를 전달하기 때문이라고, 그리고 그러한 문제들은 사물들을 관념으로서가 아니라 바로 거기에 머물러 있는 현상들로서 지각함으로써 나올 수 있는 문제들이라고 말한다.

> 시는, 만약 이것이 우연에 의해서 서사적이고 의미적이 된다고 할지라도, 본질적으로는 실존의 변조modulation이다. 시는 외침과 구별되는데, 왜냐하면 외침은 자연이 우리에게 제공했던 바로서의 신체 자체, 다시 말해 표현의 수단으로서는 빈약한 신체를 사용하기 때문이다. 반면에 시는 언어를, 심지어 어떤 특별한 언어를 사용하며, 그리하여 실존의 변조는 표현되는 바로 그 순간에 해체되는 대신에, 시적 장치 안에서 영원화하는 수단을 발견한다.[16]

언어적이거나 산문적인 의미가 각인된 집단은 이를테면 기억과 서사의 공동체로서 표현되고, 그때 한 개인의 정체성은 보통 집단의 공동의 기억과 서사에 의지해서 만들어진다. 그렇지만 공통의 경험이 없다면, 혹은 공통의 경험에 대한 지각이 없다면 서사나 기억이 만들어질 수 있을까? 인간은 사회적 동물이라는 아리스토텔레스의 공리를 상기하지 않더라도, 우리는 둘 이상만 모이면 이런저런 규칙들이나 제도들이 생겨난다는 것을 안다. 각각의 개인은 자신의 개인성을 삭제하지 않으면서 타자와의 경험을 통해서 자신의 일반성—혹은 메를로-퐁티의 표현을 빌리자면 'on' — 을 획득한다. 타자가 자신의 세계를 향한 몸짓은 우선은 내게 낯선 것으로서 나타나며, 동시에 '나'의 세계가 세계 전체가 아닌 하나의 세계임을 깨닫게 한다. '나'의 세계 안에서 일어난 어떤 존재의 스타일 혹은 시적 표현이 '나'의 세계 자체를 어느 하나의 세계 내지는 이미 과거가 되어버린 세계로 만든다. 왜냐하면 그때 '나'는 이미 나의 세계에서 어떤 변화를 수용했기 때문이다.

사회적 몸과 제도화

요즘의 화두는 어떻게 공동체를 다시 살리느냐이다. 날이 갈수록 커지는 개인들의 이기주의와 소외된 개인들의 궁핍한 심리가 공동체의 필요성을 실감하게 만들었고, 또한 교육에 있어서도 공동체가 담당하는 역할의 중요성이 인정되고 있기 때문이다. 자연스럽게 형성되었던 공동체들은 이제 의지적으로 만들어야 하는 어떤 것이 되었는데, 최근에는 문화정책의 중요한 업무 가운데 하나가 공동체를 살리는 것에 있으며, 실제로 도시나 농촌에서 소단위의 지역 공동체나 육아 공동체들이 생겨나기 시작하고 있다.

개인의 정체성과 집단의 정체성이 공존할 수 있는 공동체, 그리고 지속 가능한 공동체는 어떤 것이어야 하며 어떻게 만들어질 수 있을까? 우리는 조금 전 기억과 서사의 공동체에 대해서 말했다. 그러한 공동체는 지속 가능할 수 있을까?

몸의 철학자인 메를로-퐁티는 1954년에서 1955년으로 이어지는 콜레주 드 프랑스의 강연에서 '제도화institution'[17]라는 개념을 내놓는다. 이것은 현상학의 기본 개념 가운데 하나인 '구성constitution'에 대립되는 개념으로서, 구성이 의식 작용에 의해 대상의 다양한 측면들을 통일하는 것이라면, 제도화는 보편적인 의식 과정과는 거리가 멀다. 제도화는 경험의 사건이라고 할 수 있는데, 이 사건은 어떤 준비과정 없이 일어나지 않는바, 다시 말해 그것은 한 개인의 시간과 다른 개인의 시간, 또는 개인의 어느 한 순간과 다른 순간들이 교차하면서 만들어진다.

> 제정하는instituant 주체는 타자와 공존할 수 있는데, 왜냐하면 제도화된 것은 주체의 고유한 행동의 직접적 반영물이 아니기 때문이며, 그것이 주체 자신이나 타자들에 의해서 총체적으로 재창조되지는 않지만 아무튼 다시 반복되기 때문이다. 따라서 제도화된 것은 타자들과 나 사이, 나와 나 자신 사이에서 경첩처럼, 동일한 세계에 우리가 속한다는 사실에 대한 귀결이나 보장처럼 존재한다.[18]

다시 말해 제도화는 한 개인의 삶 속에서 불연속적인 순간들을 하나의 계열로 묶거나, 서로 다른 개인의 역사들을 하나의 사건으로 묶는다. 예를 들어 어떤 사람의 유년시절의 경험이 나중에 상기되거나, 그러한 경험이 동기가 되어 현재의 결정을 유도할 때, 그 경험은 그 사람 개인의 역사 속에 편입된다. 그리고 그러한 개인들의 역사는 각자 고유성을 가지면서도 어느 결정적인 순간에 타인에 대한 지각을 통해 새로운 국면으로 접어들게 된다.

제도화는 개인들 각자는 모르는 사이에 공共존재의 새로운 삶의 방식을 획득하는 것이지, 어떤 목적을 의식적으로 표상하면서 이루어지는 것이 아니다. 메를로-퐁티는 러시아 혁명을 표상된 대의를 향하는 것은 아니라는 점에서 하나의 사건이라고 본다. 하지만 거기에는 그럼에도 불구하고 의식적이지는 않은 어떤 준비과정이, 즉 러시아의 농민들, 도시 노동자들, 계절노동자들, 소규모 농장주들이 서로를 지각하고 그럼으로써 자신들의 삶을 저항의 형태로 바꾸는 과정이 존재했다. 다소 긴 인용문이지만, 메를로-퐁티가 실존적 기투가 어떻게 변화를 가져오는지를 잘 서술하는 구절이기에 옮겨 놓겠다.

> 혁명의 표상이 어느 순간 출현한다는 것은 전혀 필연적이지 않다. 가령 1917년의 러시아 농민들이 사유권의 혁명과 변화를 명시적으로 제안했는지는 의심스럽다. 혁명은 그날그날 가까운 목적들에서 덜 가까운 목적들로의 연쇄로부터 일어난다. 프롤레타리아 저마다 맑스주의 이론가들이 그 말에 부여하는 의미에서 자신을 프롤레타리아로 생각하는 것은 필연적인 것은 아니다. 계절노동자나 소농장주가 어떤 교차로를 향해 가고 있다고 느끼기만 하면 충분한데, 그 교차로로 도시 노동자들의 여정도 향하는 것이다. 그들 모두는 만일 혁명이 기술되고 표상된다면 그들을 아마 두려움에 떨게 만들었을 그런 혁명을 향해 진격한다. 사람들은 기껏해야 이렇게 말할 수 있다. 혁명은 그들의 행진의 끝에, '사물은 변해야 한다.'라는 형태를 취한 그들의 기투 속에 있는바, 그들 각자는 그 말을 자신의 어려움 속에서, 그들의 특정한 편견들의 바탕에서부터 구체적으로 체험한다고 말이다. 어떤 숙명도, 이 숙명을 파괴하는 자유로운 행위도 표상되지 않는다. 그것들은 애매성 속에서 체험된다. (…) 혁명적 상황이란 이른바 주동자들의 슬로건들이 모든 생산자들의 삶 안에 잠재되어 있는 것을 구체화시키기 때문에, 그 슬로건들이 마치 선先확립된 조화에 의한 것처럼 즉각적으로 이해되어 사방에서 공모자들

을 얻는 그런 상황인 것이다.[19]

이렇듯 메를로-퐁티에게 제도화는 목적을 표상함으로써 이끌려지는 집단적 운동이 아니다. 만일 그렇다면 목적이 달성된 이후의 체제는 완결되었기 때문에 더 이상의 변화를 받아들이지 않을 것이다. 반면에 메를로-퐁티에 의하면, 제도화의 과정은 공共존재적인 실존적 기투의 과정이며, 고유한 몸을 가진 건강한 개인이라면 자신의 현재의 삶을 넘어서는 의미의 세계를 끊임없이 기투하기 때문에 그러한 인간들이 만드는 제도는 형성되었다고 할지라도 늘 미완인 것이며 변화를 수용할 수밖에 없다. 그는 제도화를 '지속될 수 있는 차원들을 부여받은 경험의 사건', 더 정확히 '존속이나 잔존의 자격으로서가 아니라 이어짐을 호출하고 미래를 요청하는 것으로서의 의미를 내 안에 내려놓는 사건'이라고 정의한다.[20]

제도institution를 주제로 푸코와 촘스키의 논쟁적 토론이 오간 동영상을 본 적이 있다. 제도의 최소한의 기능을 긍정하려는 촘스키에 대해 푸코는 여하한 형태의 제도는 모두 부정되어야 한다고 주장한다. 학교, 군대, 감옥, 공장, 병원 등등 온갖 제도들이 담론적 권력을 실현하고 있다고 비판했던 푸코는 신체를 아주 쉽게 훈육과 규율의 대상으로만 삼음으로써 신체가 가진 창조적 표현 능력, 조직적 담론을 넘어서는 능력을 간과했던 것은 아닐까? 단적으로 훈육과 규율에 길들여진 신체의 정신은 자기 앞에 세계를 기투하지 못할 것이며, 뿐만 아니라 그러한 정신에 대해 타자나 타자의 행동은 아무런 영향을 미치지 못할 것이다. 하지만 메를로-퐁티는 몸에서 그 이상의 가능성을 본다. 적어도 자신의 고유한 몸을 가진 '건강한 인간은 세계 안에서 혹은 세계를 넘어서 살고자' 하지 '자신을 보존하고자 하지 않기' 때문이다.[21]

제도를 목적 표상에 의해 유지되는 것으로 바라보는 대신, 그 제도를 실행하는 각 개인들의 몸짓의 실존적 변이와 그러한 몸짓의 타자에 의한 수용될 수 있는 것으로 바라보는 것, 아마도 이것이 제도나 제도화의 과정을 바라보는 올바른 방식일 것이다. 메를로-퐁티는 제도는 둘 이상의 인간이 모이면 자연스럽게 — 혹은 자발적으로 — 형성된다고 생각했다. 대표적으로 언어가 그렇고 종교가 그렇다. 다시 말해 공동체가 있는 곳에는 언제나 제도화가 진행될 것이며, 이는 인간이 서로의 몸짓과 표현을 지각하고 수용하고 반영하는 사회적 몸을 가지고 있기 때문이다.

나오면서

현대사회는 모순이 극단적으로 표출된 사회처럼 보인다. 그 어느 때보다 표현이 자유로워지고, 그만큼 의미들이 세상에 넘쳐나지만 사람들은 심리적인 빈곤감을 느낀다. 그 어느 때보다 많이 몸과 감각의 중요성을 이야기하지만, 실제의 몸과 감각을 대체하거나 그 능력을 증강시키는 인공지능 프로그램의 개발로 자연적인 몸은 점점 더 낡은 것이 되고 있다. 개인은 다양한 정체성의 권리를 보장받지만 정작 자신의 정체성으로 인해 혼란을 겪는다. 자유는 커지지만 자기 검열은 더욱 강해지고, 사람들은 자신의 자유를 지키기 위해 감시 사회를 요구한다. 기타 등등.

현대인들은 어쩌다가 이러한 모순적 사회 속에 갇히게 되었을까? 메를로-퐁티는 인간이나 인간적 사회에서 실존은 본질보다 앞선다고, 그리고 실존은 — 모순적이지는 않을지라도 — 애매한 영역이라고 말한다. 이는 고유한 몸을 지닌 주체가 세계와 갖는 관계가 지성에 의한 세계처럼 투명하지 않기 때문이다. 고유한 몸의 주체는 끊임없이 자신을 세계에 기투하면서 세계에 의미를 부여하고, 자신과 유사한 타자들과의 상호작용 속에서, 성공의 여부를 알지 못한 채, 공통의 세계를 설립한다. 이렇듯 개인과 자유와 표현이 중요한 사회라고 할지라도, 구체적인 타자의 경험이 없다면, 즉 나의 모든 감각과 몸을 동원해서 타자와 만날 수 없다면 개인의 자유와 표현은 소리 없는 외침처럼 태어나는 순간 소멸될 것이다.

우리는 지금까지 타자와의 관계에서 고유한 신체가 차지하는, 결코 간과해서는 안 될 역할을 되짚어 보았다. 공동체를 되살리려는 여러 시도들이 성공하려면, 우선 각자가 자신의 몸을 의지의 노예로 만드는 게 아니라 내버려 두는 것, 즉 타자와의 관계를 형성하는 데 기여하지만 또한 동시에 이 관계에 의해 변하는 그러한 몸으로서 자신의 몸을 내버려 두는 여유를 가져야 할 것이다.

얼굴 형상 지워 내기로서의 소수자성[1]

얼굴이란 아버지의 법질서인 상징질서를 견고하게 하는 마스크이다. 이러한 상징적 마스크인 얼굴을 부착하며 우리는 살아간다. 그러나 이러한 얼굴 형상을 지워 내고 무너뜨릴 때에 비로소 소수자성이 도래할 수 있다. 즉 소수자란 더 이상 나 아닌 핍박받는 타자가 아니라 바로 우리 자신을 구성하는 유동적 포지션이며 새로운 주체화 양태를 열어젖히는 경로이기도 하다.

윤지영

확정적 경계와 명료한 구획성으로서의 정체성 해체작업

우리 앞을 걸어가는 사람의 모호한 뒷모습 — 걸음걸이, 어깨 넓이나 머리 길이, 옷차림 등 — 이 기존의 남성성과 여성성을 구현해 내는 방식과 불일치되어 불협화음의 파동을 일으킬 때 우리는 그 사람의 성별 맞추기를 친구들과의 내기 대상으로 삼기 일쑤다. 비결정적인 것, 모호한 것 등이 방출해 내는 파동의 산란성을 굳이 경계 구획성이 명확한 고체로 입자화함으로써 인식의 과녁이 내리꽂히는 적중의 대상으로 용이하게 만들고자 하는 전략인 것이다. 왜냐하면 현실이란 공간을 점유하는 방식은 오로지 남성 또는 여성이란 두 가지 방식만이 있다고 여기도록 여태껏 주지 받아온 우리이기 때문이다. 정확히 한 성별에 귀속되어야만 인간으로서 실존할 수 있다는 전제 하에서 모호한 몸들을 경계 구획성의 기입 공간으로 환원, 축소하여 이를 명확히 판별하려는 의지는 수시로 우리를 엄습한다. 또한 일본 이민 2세대 특정인에게 독도는 한국 땅인지 일본 땅인지 등을 거듭 물으며 그 사람의 국가적, 민족적 정체성을 단 하나로 정의 내리려는 시도를 통해 우리는 우리를 구성하는 혼종적이며 다층적 결들을 간과해 버리고 마는 것은 아닌가.

그렇다면 왜 우리는 매순간 남성이나 여성, 어른이나 아이, 내국인이나 외국인, 순혈과 혼혈, 지식인과 소시민 등의 즉각적으로 분별 가능한 식별 표지들을 달고 살고 있으며 또한 다른 이들에게도 이러한 식별 코드들을 기입해 넣으려 하는가. 우리는 사회화될수록, 즉 문명의 질서로 들어오면 들어올수록 더욱더 알아보기 쉬는 코드바를 온몸에 새기고 있는 것이다. 나를 누군가에게 소개할 때에도 나의 출신학교나 출신지역, 직업, 종교, 거주지, 가족 관계 등이 마치 나의 존재를 객관화하고 구체적으로 드러내 준다고 여기기 십상이다. 바로 이것은 문화와 규범, 언어 체계로 대표되는 상징 질서 안에서 주체로 구성되는 방식이 이미 남근 중심적 체계에 대한 복종이기 때문이다. 왜냐하면 라캉에 있어서 주체subject 개념은 상징질서라는 남근 중심적 체계에 편입하기 위해 팔루스phallus라는 기표 아래 정렬됨으로써 산출되는 효과를 의미하기 때문이다. 여기서 남근이란 개념은 팔루스로서 전제적이며 초월적인 기표 — 욕망의 장을 구조화하는 중심축이자, 페니스penis라는 남성 생식기와의 밀접성 역시 내포하는 것이다. 이는 무엇을 의미하는 것인가. 사회라는 문명의 질서 속에서 정상인이 되고 어른이 된다는 것은 언어의 문법규칙은 물론 사회적, 문화적 규범 질서, 도덕 체계들을 익힘은 물론, 부계 혈통 중심의 아버지의 성을 따른다는 것이다. 그러나 우리는 이에 대해 별다른 문제의식조차 갖지 않는다. 그렇기에 어떤 여성이 임신하면 우리는 그녀에게 누구의 아이인가를 물으며, 그 아이의 성씨는 무엇이며 몇 대손의 자손인가에 대해 묻는 것에 대해 매우 당연하다고 여긴다. 바로 이와 같은 방식으로 내가 사회에서 불리는 이름과 성은 내가 정한 것이 아닌, 이미 정해진 아버지의 법질서 속에 편입되는 방식이다.

아버지의 법질서라는 남근 중심적 질서 안에 편입함으로써 구성되는 주체화 방식은 끊임없이 소외와 배제를 양산해 낸다. 남성과 여성, 이성애자와 동성애자란 이분법적 사고틀과 범주들을 당연한 것으로 여기게 하는 양극화된 젠더 메커니즘—남성성과 여성성을 완전히 다른 실체적 본질로서 전제함으로써 각 성별마다 요구되는 드레스 코드부터 말투, 행동 양식, 정서의 경향, 직업의 종류, 역할 등을 미리 규정해 버리는 것을 말한다.—은 주류적 규범들을 자연스럽고 본성적이며 정당한 것으로 내면화하도록 하며 나아가 아버지의 법질서에 대해 순응적인 몸들을 양산해 내도록 한다. 왜냐하면 아버지의 법에 의해 승인되고 날인된 몸이 된다는 것—정숙한 몸, 예절바른 몸, 깨끗한 몸, 정제된 몸, 통제 가능한 몸—은 식별 가능성을 띤 사회적 코드를 온몸으로 체화하는 것이기 때문이다. 이처럼 우리는 성별에 따른, 사회 계층에 따른 피부색에 따른, 종교에 따른, 가족구조 속 역할에 따른 행동 양식의 기대치와 규범들에 의해 끊임없이 포박당하며 뿌리내리길 강요받고 있다. 그럼에도 불구하고 우리는 매번 위태위태하고 피폐한 기분에 휩싸이기 일쑤이며 불안과 고독에 일렁이기 마련이다. 이러한 맥락에서 끊임없이 우리의 몸들에 가해지는 각인과 주입작용들을 해체한다는 것은 동일성의 원리를 바탕으로 하는 고전적 존재론에 대한 강력한 전복의지를 드러내는 일이기도 하다. 왜냐하면 이분법적 젠더 체계에서 인간의 성정체성을 존재론적이고 본질적인 차이로 타당화하기 위해, 얼마나 많은 전통 존재론의 범주들—실체, 본질, 목적, 원인, 자연, 신—등이 젠더 메커니즘의 강화를 위해 여러 번 소환되어 왔기 때문이다.

산종의 전복적 전략성

산종이란 무엇인가. 산종 개념은 데리다에 의해 창출되었으며 일원화될 수 없는 의미의 복수성, 다층성을 드러내기 위한 해체주의적 전략의 하나다. 그렇다면 과연 우리는 이러한 산종의 다방향성을 가지고 일상을 살아갈 수 있는가. 왜냐하면 우리는 감히 넘나들 수 없는 확정적인 구획면이나 경계들—여성 아니면 남성, 정상인 아니면 비정상인, 내국인 아니면 외국인, 애국자 아니면 매국노—의 정초면들로서 존재하기 때문이다. 조금이라도 이분법적 구획성과 경계면을 모호하게 하거나 애매하게 할 시에는 언제든 존재 자체가 의심받거나 회색분자나 위험한 인물로 여겨지기 때문이다. 이러한 인간화 방식이 성과 속, 선과 악, 존재와 무, 가치와 무가치, 참과 거짓 등을 명확히 나누고 구분 짓는 전통적 형이상학에 크게 의존해 있는 것이기 때문이다. 나아가 이러한 인간화 방식은 규범적 실행성pratique régulatrice을 갖는다. 그렇다면 규범적 실행성이란 무엇인가. 규범적 실행성이란 이데올로기가 추상적, 이론적인 관념 체계만이 아니라 우리 일상 자체를 좌지우지하는 매우 구체적이며 물질적인 장치라는 것이다. 우리는 성별과 피부색, 젠더와 성지향성, 계층 등에 따른 강권화된 인간화의 단선적 방식만을 종용받기 일쑤이다. 여기서 인간화humanization란 언어질서 안에 자리 잡기, 주어진 위치 메우기를 뜻한다. 단적으로 여성과 남성, 아이와 어른, 유색인과 백인, 동양과 서양이란 이분법적 대립구조가 인간화의 강권 질서의 폭력성과 배제 논리를 드러낸다고 할 수 있다. 이러한 관점에서 산종이란 탈중심화, 탈인간화라는 급진적 운동성을 가능케 하는 전략으로서 인간의 보편적 개념성과 고정화된 실존 양식 — 여성과 남성으로서의 — 에 대한 비판적 물음이기도 하다. 사소한 눈빛, 옷차림, 머리스타일, 말투, 억양, 손짓, 제스처 등의 코드화는 강권화된 인간화 작업이 겨냥하는 것이 바로 몸들임을 나타낸다. 속성과 습성으로 자연화된 몸, 그것이 강제되어버리고만 흐름인 아비투스habitus — 프랑스 사회학자 피에르 부르디외Pierre Bourdieu가 창출한 개념으로 특정한 사회적, 문화적 습관과 속성들이 사회 계층에 따라 특수하게 코드화된 것을 의미한다. — 란 이미 유체의 역학이 가지는 비예측성과 비결정성을 송두리째 파기하려 한다. 여기서 유체의 역학은 프랑스 페미니스트 철학자 뤼스 이리가레이가 고체의 메커니즘에 대항해 창출한 유동성의 논리라 할 수 있다. 이것은 경계 구획성을 이분법적 구도 안에서 설정하는 영토화된 사유 질서로서의 서구 형이상학과 전통적인 존재론에 대한 강력한 비판이라 하겠다. 다시 말해 몸의 코드화 작업은 유체의 역학과 대립되는 작업으로서 몸을 복속과 예속의 원인이자 증거로 견고화하고 고정하기 위한 것이다.

르네 마그리트의 〈겨울비〉라는 작품을 보면, 모두가 중절모에 검은색 양복을 입고 중력에 의해 같은 방향으로 일정하게 질서 지워진 채로 수직하강하고 있는 모습이 있다. 복장에서부터 쏟아져 내리는 방향까지 한 치의 오차도 없어 보이는 그림이다. 이처럼 상징질서란 아버지의 법질서는 우리를 현실이란 체스판 위에 일괄적이자 위계적으로 배열해 버리는 것이다. 다시 말해 규율적, 종속적 주체화 방식인 양극화된 성차가 우리 자신에게 내면화되도록 강제될 때에, 이는 곧 강권화된 인간화가 작동되는 방식인 것이다. 여기서 성차라는 개념은 생물학적 특성으로 국한되는 것이 아니라 사회적 문화적 코드들의 체화 양식이자 효과적으로 몸들을 구획하는 작업이다. 왜냐하면 필자에게 있어 성차란 팔루스에 의해 날인되지 못하고 승인되지 않은 몸들의 흐름들을 괴물성으로 처벌하는 일련의 몸의 테크놀로지로 분석되는 것이기 때문이다.

프랑스에선 p로 시작되는 무시무시한 낙인 범주로 호명되는 것에 대한 엄청난 공포가 존재한다. 여기서 p로 시작되는 두 낙인범주란 두 가지 속어를 가리키는데 먼저 여성에게 가하는 putain이란 호명은 창녀를 의미하며 남성에게 가하는 pédé란 호명은 게이를 의미한다. 이처럼 p로 시작되는 이 두 용어는 여성과 남성에게 가장 강력한 처벌과 혐오의 날인으로 작동한다. 여기서 창녀란 성노동자란 일군의 직업을 지칭하는 것이 아니다. 대부분의 여성은 자신의 창녀스럽지 않음을 매순간 증명해 내고자 일상의 드레스 코드부터 앉는 방식, 웃는 방식, 말하는 법, 눈을 다소곳이 뜨는 법에서부터 자신의 욕망을 말하는 법까지 다 자가 검열의 대상으로 스스로를 응시, 통제해야만 한다. 남성 역시 성지향성으로서의 게이가 아니라, 자신의 진짜 남자스러움이나 남성성이 제대로 증명되지 않으면 언제든지 게이, 즉 가짜 남자 혹은 여자로의 존재론적 추락, 강등을 위협받기 일쑤이기에 매순간 자신의 감정을 통제해야 하며 항상 대담한 척, 강한 척, 아무렇지 않은 척, 센 척해야 하는 것이다. 이것은 무엇을 뜻하는가. 이처럼 일상의 미시적 처벌기제로서 작동하는 낙인찍힌 몸으로서의 창녀나 게이, 이 둘은 팔루스의 날인을 제대로 받지 않은, 즉 정상성의 표지를 승인받지 못한 벌거벗은 몸이라면, 우리 모두 역시 이러한 가닿을 수 없는 정상성에서 늘 미끄러지는 존재라고 볼 수 있지 않은가. 창녀나 게이란 범주는 정상화된 몸—재생산을 위한 강제적 이성애를 욕망의 규범으로 여기는—을 자연적 본성이자 인간의 본질로 정당화할 때에야 비로소 인식 가능한 낙인 범주이다. 소위 정상적인 몸은 남근 중심적 욕망에 의해 리비도libodo[2]의 흐름이 차단되고 절단된 것이라면 이에 반해 과잉적 몸들로서의 창녀나 게이는 잉여적인 것으로서 여겨진다. 리비도의 산발적이며 과잉적 흐름들이 팔루스라는 결핍의 날인에 의해 결코 정렬되고 재단될 수 없는 것임을 이 두 낙인 범주는 효과적으로 드러낸다. 이와 같이 젠더 체계는 유순한 몸들을 생산하며 동시에 불순한 저항성을 띈 몸들을 처벌, 처단하는 규범적 실천 양식인 것이다. 다시 말해 이러한 젠더 메커니즘은 다양하고 다층적 성적 실천들과 변형들이 가진 전복성을 최소화하며 이를 아버지의 법을 단순히 재생산하는 것의 일환으로 축소하고자 한다. 이러한 목적에서 창녀와 게이를 낙인찍는 행위는 젠더 체계를 거스르는 불온한 실천들의 창조성과 전복성을 남근 이성 중심적 범주 안에서 포섭하려는 행위인 것이다. 나아가 이를 병리적인 현상으로 명명함으로써 정상화만이 인간화의 유일한 방식임을 강조하려는 것이다. 이러한 관점에서 창녀와 게이라는 낙인은 규격화된 주체화 구성 방식에서 벗어나는 카오스적이며 낯설기도 한 다층적 실천들의 역동성을 무력화하는 전략적 통제 기제들인 것이다.

인간이란 종속적 조건화 방식에 대한 급진적 물음

얼굴은 인간 형상, 인간으로 식별될 수 있는 상징적 마스크를 부착함을 뜻한다고 필자는 분석해 본다. 왜냐하면 얼굴이란 인간다움의 척도이며 식별 범주들 — 여성인가 남성인가, 젊은이인가 늙은이인가, 서양인인가 동양인인가, 순수혈통인가 혼혈인가, 어른인가 아이인가 등을 유효하게 하는 분류의 장이기 때문이다. 이 분류와 식별 행위는 진리와 허위, 순수와 오염, 정상과 비정상이라는 이분법적 위계구조가 변별적 코드로 작동하는 방식이며 나아가 각 항들이 제자리에 뿌리내려 확정적인 것으로 고착화되는 영토화territorialization의 전략이다. 여기서 영토화란 자리 잡기, 안착하기로 경계를 위반하는 것을 처단, 배격하는 것이다. 영토화된 표면으로서의 얼굴, 즉 인간다움의 질서는 눈에 보일 수 있는 것, 식별, 분류 가능성이란 가시화의 영역이 된다는 것이다. 다시 말해 인간 역시 표면효과인 것이다. 예를 들어 흑인 아이라고 식별된다는 것은 곧 인간다움이란 규준에 부합하지 않는 동물성, 낙후성, 비문명성 등으로 인지된다는 것을 뜻한다. 피부색, 머리색, 눈 색깔, 코 모양, 입술두께, 윤곽들은 표면인 동시에 인간 개념의 차등적 적용을 드러내는 기제가 되기 때문이다. 다시 말해 인간이란 얼굴 형상을 부착한다는 것은 상징적 제례 의식에 부합하는 마스크를 쓴다는 것, 즉 식별 가능한 표지를 각인함으로써 남근질서란 구조적 픽션이 여전히 유효함을 증명하는 것이라고 필자는 분석해 본다. 이러한 관점에서 인간이란 얼굴 형상을 쓴다는 것은 이미 주체를 구성하고 있는 비토대성 위에다 아버지의 법질서의 토대 없음을 덧붙이는 행위는 아닌가. 아버지의 법질서가 거대하고 총체적이며 완전하다는 것이 픽션임을 드러내기 위해 얼굴의 이면과 마주할 용기가 필요하다. 여기서 얼굴의 이면이란 얼굴이 이미 마스크라는 것이다. 원본, 진짜, 오리지널로서의 얼굴이 이미 상징적 마스크라는 것은 헤게모니적 권력 효과로서 인간 개념이 구성됨을 드러내는 것이다. 즉 인간은 본질과 실체가 아니라 권력의 부수적 효과인 것이다. 인간 개념의 역사성, 우연성을 드러내려면 상징적 질서 안에 속하는 인간 형상과 윤곽들을 허물고 탈구dislocation할 필요가 있다. 말하는 주체로서 인간 공동체에 속하여 알아볼 수 있고 인정받을 수 있는 얼굴 형상을 탈착한다는 것은 무엇을 의미하는가. 이는 인간이란 규범적 코드화를 해체한다는 것, 남근 질서의 헤게모니적 포섭력에 포박당하지 않는 것이라 하겠다. 그렇다면 이러한 얼굴 뜯어내기란 전복적 폭력성 없이는 우리는 상징적 남근 질서의 위계적 공간화란 구조적 폭력성에서 벗어날 수 없는 것인가.

주체가 인간 형상을 획득한다는 것은 대타자의 질서에 순응함으로써 언어 체계의 견고성에 기여하는 것이다. 이것은 인간 형상의 얼굴 윤곽이 상징 질서에 의해 부여된다면, 남근 질서의 구획성과 경계는 인간다운 얼굴을 쓴 주체에 의해 공고히 된다는 것이기 때문이다. 이러한 주체와 상징 질서가 맺는 상호 밀접성과 상호 규정성은 남근이성중심주의의 구조에 편입된 주체와 상징 질서 간의 연계성을 드러내는 것이다. 여기서 흥미로운 것은 무의식적 구조로 절대화된 남근 질서가 인간이란 마스크를 쓴 주체에 의해 그 견고성을 부여받는다는 지점이다. 즉 남근 질서를 신화화하는 전략으로서 얼굴 형상의 부착, 인간다움의 규범성이 산종하는 몸들 위에 주지, 각인, 기입되는 것이다.

남근 질서로서의 상징체계는 사회적 삶을 규제, 통제하는 것에 그치지 않고 사회적 현실성réalité sociale을 재단하고 부여한다. 다시 말해 인간다운 형상을 가진 상징적 마스크로서 얼굴을 부착한다는 것은 이러한 사회적 실제성, 현실성을 담보 받는 행위인 것이다. 이는 인간다움이란 규범성을 충족시키지 못하는 타자들을 혐오스러운 몸으로 배격하고 밀어냄으로써 인간 공동체가 얼마나 배타적 소통 방식인가를 효과적으로 나타내는 것이기도 하다. 예를 들어 나병 환자들을 사회에서 격리하는 방식에서 나병 환자는 인간 형상의 탈구—고름과 부종으로 인해 허물어져 내리는 얼굴—를 촉진시키는 이로 내몰린다. 이처럼 병리적이며 비정상적인 것으로 이들을 낙인찍으며 인간 공동체란 마을, 부락으로부터 멀리 떨어진 곳에 가두어 이들을 철저하게 주변화한다. 이러한 격리를 통해 외부에 강권적으로 배치된 나병 환자들은 더 이상 사회에서 보이지 않게 되고 이로써 마치 존재하지 않으며 현실적인 요소가 아닌 것으로 취급되게 된다. 이로써 그들은 그들 존재의 실제성과 현실성을 박탈당하는 것이다. 왜냐하면 이처럼 길들일 수 없는 타자들의 존재 자체를 인식의 경계에서 추방하고 배제하는 지배적 인식 체계[3]가 바로 상징질서이기 때문이다.

여기서 중요한 것은 주변화된 소수자minorité들을 양산해 내는 낙인 방식이란 지울 수 없고 떼어 낼 수 없는 마스크나 얼굴을 부착시키는 것이 아니라는 점이다. 우리는 얼굴을 통해서 한 사람의 성별이나 인종, 피부색, 나이, 계층 등을 즉각적으로 파악, 인식하게 되며 이러한 식별 코드를 통해 한 개체를 위계적 범주화의 장에 포섭하고자 한다. 이러한 관점에서 얼굴의 탈부착은 이러한 식별코드의 파기이며 중단이라 할 수 있다. 이처럼 낙인화는 얼굴 위에 또 다른 마스크를 덧입히고 부착시키는 것이 아니다. 이것은 오히려 얼굴을 뜯어냄, 즉 인간다운 얼굴 형상의 탈구dislocation 방식을 뜻한다고 필자는 해석하는 바이다. 왜냐하면 인간이란 공동체에 속하기 위해선 식별 가능한 마스크를 반드시 착용해야 하기 때문이다. ≪천개의 고원≫에서 들뢰즈와 가타리는 얼굴의 형상성visagéité에 대해 언급한다.[4] 얼굴의 형상성이란 남근 질서에 의해 부여된 식별, 변별의 표지이며 고정화된 인간화 방식이라 할 수 있다. 즉 인간으로 조건 지워진다는 것은 이미 단선적 의미 구조와 가치 체계 안에서 남근이란 초월적 기표 아래 종속되는 것이다. 이러한 관점에서 남자와 여자라는 용어의 통일성과 단일성을 부수는 무수히 다양하고 총체화될 수 없는 실천들이 바로 남근의 상징적 권위를 위협하는 행위인 것이다. 다시 말해 주변화를 강화하는 낙인화란 진짜 얼굴 위에 가짜 마스크를 부착하는 것이 아니라 오히려 진짜라 여기는 얼굴 형상이 존재하지 않음을 나타내는 것이 아닐까. 얼굴이란 이미 상징적 마스크로서, 토대와 기원에 대한 견고한 신화에 대한 패권주의적 직조물에 불과하기 때문이다. 이 패권주의적 직조물은 토대와 기원이란 이상화된 고착점, 시발점, 회귀점들을 강박적으로 가치화함으로써 상징질서의 위태로움을 가리려는 안간힘이라 필자는 해석한다. 다시 말해 필자에게 있어 마스크는 얼굴이란 원본에 대한 허위적 패러디, 모방이 아니며 그런 의미에서 얼굴이란 이미 상징적 마스크인 것이다. 즉 얼굴은 이미 상징적 마스크, 원본 없는 마스크이며 나아가 고정된 경계선을 확정코자 하는 영토화된 표면이다. 다시 말해 얼굴은 마스크 아래 있는 심층부, 심연이 아니라 표면에 불과한 것이다. 이 영토화된 표면으로서의 얼굴은 인간화 작업의 효과물로서 견고화된다. 인간다움이란 바로 인간이란 마스크를, 즉 식별 표지를 부착하고 용이하게 분류될 수 있음을 의미한다. 이러한 관점에서 창녀나 게이로 불리는 두려움은 곧 이러한 얼굴이란 상징적 마스크의 탈부착이며 인간다운 형상, 구획성을 상실하는 것이라고 필자는 분석하는 바이다.

여성과 남성의 변별화 메커니즘은 무엇이 더 인간다운가에 대한 답으로서 남성을 인간의 보편개념으로 치환시켜 버리는 상동화의 전략이다. 이분법적으로 대립한다op-poser는 것은 아직도 동일성의 논리 체계 안에서 놓여진다poser는 것이기 때문이다. 다시 말해 이분법적 대립구도에서 남성이란 범주는 인간상의 규준으로 이상화되는 반면 여성이란 카테고리는 덜 인간적인, 즉 규범적 인간상에 완벽히 부합하지 않는 것으로 폄하된다. 이러한 예로서 9시 뉴스의 여성 아나운서가 우리에게 정보전달의 신뢰성을 높이는 방식이란 짧은 머리 스타일과 중저음의 음성, 무채색 옷, 무표정하게 굳은 표정, 감정의 자제 등이란 남성적이라 일컬어지는 아비투스를 체현할 때에 가능한 것이다.

이러한 관점에서, 탈식민주의와 포스트 페미니즘 간의 연관성을 연구하는 페미니스트 철학자 엘자 도를랭Elsa DORLIN[5]에게 젠더 체계란 끊임없이 괴물들을 양산해 내는 메커니즘이며 여기서 괴물이란 모순성을 띤 위기의 주체들이라 정의 내려질 수 있다.[6] 필자에게 있어 위기의 주체들로서의 괴물들이란 탈구된 인간형상, 뜯겨나간 얼굴을 가리킨다 하겠다. 왜냐하면 얼굴이란 인간다움의 핵심 기제로

항시 비인간성, 괴물성을 전제로 할 때 인식 가능한 것이기 때문이다. 인간형상의 탈구는 인간화된 얼굴의 통일성, 동질성의 붕괴 지점을 가리킨다. 즉 인간다움이란 동질성의 주입은 이질적이고 모순적 요소들을 단일화하고자 하는 욕망이며 이러한 일방적 총체성의 획득은 강권적 배치 전략에 의해 강화될 수 있는 것이다. 동일성의 원리가 적확히 적용될 수 없는 것들에 대한 주변화와 타자화가 바로 이러한 강권적 배치 전략의 일례이다. 이러한 관점에서 창녀와 게이는 이분법적 구획성에 의해 쉬이 정렬되지 않는 과잉성과 잉여성을 특징으로 갖는다. 왜냐하면 창녀는 단순히 남성처럼 행동하는 여성이 아니며 게이는 단순히 여성처럼 행동하는 남성이 아니다. 다시 말해 창녀와 게이는 여성과 남성의 이분법적 식별 범주의 단순한 자리바꿈이 아닌 것이다. 이러한 단순한 자리바꿈 행위는 여전히 양극화된 젠더 체계의 유효성을 인정하는 한에서만 가능하기 때문이다. 여기서 필자는 엘자 도를랭이 ≪정치적 논거들*Raisons politiques*≫이란 학술지에 투고한 자신의 연구논문인 〈창녀는 평범한 남자에 불과하다〉를 비판적 사유의 논쟁점으로 부각시키고자 한다. 창녀나 게이를 여성과 남성이란 양극화된 젠더 체계 내에서 이해하려는 시도는 다양하고 산발적이며 복수적인, 즉 반토대주의적인 정체성을 주류적 인식 틀 안에 가두려는 데에 있다. 이러한 포박 행위는 전복적 창조성을 생산해 나가는 과정 속의 주체를 용인하지 않는다. 왜냐하면 과정 속의 주체란 그 어떠한 준거점에 의해 재단됨으로써 그 역동적 힘이 소실당해 버릴 수 있는 것이 아니기 때문이다. 바로 이러한 역동적 위험성을 최소화하고자 기존의 인식 틀로는 포획될 수 없는 주체화의 다양한 구성 방식들을 문제적이며 병리적이며 비인간적인 것으로 낙인찍혀 버리고 마는 것이다. 마치 정상화normalisation라는 인간화의 방식은 낙인이 아닌 것처럼 말이다.

괴물, 비정상이란 낙인은 팔루스의 날인이 찍혀질 수 없는 미끄러운 표면이라면, 정상과 인간이란 식별 표지는 팔루스에 의해 승인되고 덧입혀진 표면에 불과하다고 필자는 분석해 본다. 창녀나 게이라는 문제적 정체성들을 아직도 여성과 남성이란 이분법적 범주 아래 정제하고 정형화하려는 것 자체가 바로 규범적 인식 틀과 해석 체계의 한계를 드러내는 것이라고 본다. 이것은 여성과 남성이란 단일화된 용어가 출혈과 파혈을 일으키는 지점이기도 하다. 만약 엘자 도를랭이 창녀를 여느 보통 남자들과 마찬가지라고 한 의도가 욕망의 구조 자체가 남성 욕망 중심이라는 것을 드러내려한 것이었다면 이는 욕망의 구조에 대한 변혁 가능성이나 새로운 대안 모색이 충분히 논의되지 않았음을 드러낸다. 다시 말해 엘자 도를랭은 남근 중심적 욕망 개념에서 탈피하지 못하고 있다. 왜냐하면 생식기 중심의 재생산을 목적으로 하지 않는 쾌락을 위한 성적 실천들이 오직 남성에 의해서만 전유되고 행해질 수 있다는 전제 하에서 창녀는 남근화된 여성을 가리키는 것이기 때문이다. 창녀나 게이가 엘자 도를랭이 말하는 괴물성, 즉 위기의 주체들이라면 이들은 여성과 남성이란 식별 범주를 급진적으로 파기시키는 모순성으로 넘실대는 것이다. 이분법적 식별 범주 안에서 정형화될 수 없는 것은 마치 존재하거나 생각할 수 없는 것으로 여기는 모더니즘적 사유 양식에선 존재와 사유의 불일치를 용납하지 못한다. 이러한 관점에서 창녀나 게이는 존재의 틀과 사유의 틀에 부합되지 않는 잉여, 넘쳐남이다. 이들은 강제적 이성애를 벗어난 성적 실천들의 산발성만을 뜻하는 것이 아니라, 내재화되지 못한 사회적, 문화적 규범으로서의 아비투스habitus가 변형되고 탈주되는 지점이기도 하다. 모호한 눈빛과 말투, 몸가짐, 걸음걸이, 옷차림, 웃음소리, 머리 스타일, 화장법 등은 내가 누구인가라는 정체성의 질문에 단일한 답을 도출할 수 없게 한다. 다시 말해 끊임없이 나를 재단하고 각인시키는 젠더 메커니즘의 규범적 실행성이 균열을 일으키며 불예측적일 때에 창녀나 게이라는 낙인이 찍히는 것이다. 이는 질서 지워질 수 없는 것에 대한 두려움, 구획성이 파기되는 것에 대한 혼란을 이 카오스적 주체화의 방식들에 대한 혐오로 드러내는 것이다. 이러한 혐오는 주변화된 타자들에게서 균열된 자신의 타자성을 발견해서가 아닌가. 주류적 코드화의 방식을 해체시키는 이와 같은 균열 행위는 인간이란 형상의 탈구이며, 이는 욕설과 폄하의 낙인이 아니라 오히려 주류적인 주체 구성 방식의 폭력성을 드러내는 것이라 하겠다. 낙인이 동물성과 괴물성으로 추락하여 알아볼 수 없음, 생각할 수 없음이라면 이는 인간중심주의적 사고의 붕괴 없이는 새로운 주체화 작업을 모색할 수 없음을 뜻하는 것이다. 왜냐하면 괴물성이란 감지 불가능한 것, 식별 표지를 붙일 수 없는 것으로서 생성과 변화의 예측 불가능한 운동성의 궤적을 구성하는 것이기 때문이다. 들뢰즈적인 표현에 따르자면 소수자적이고minoritaire이고 분자적moléculaire인 '되기'의 과정이 바로 필자가 주장하는 인간 형상의 탈구dislocation와 맞닿아 있는 것이다. 이러한 탈구 행위는 도착적, 병리적 요소들을 동물성과 괴물성에 가까운 것으로 분류하며 이를 정상화의 대상으로 여기는 것, 즉 인간다움이란 규범적 존재로 모든 이들을 일원화하려는 강권적 인간화에 대한 강력한 비판에서 출발하는 것이다. 왜냐하면 이러한 위기적 주체들의 출몰인 얼굴 형상의 탈구는 인간이란 개념이 가진 폭력적 재현성을 폭로하기 때문이다. 이러한 맥락에서 얼굴 형상의 탈구는 비인간성 — 괴물, 동물, 광인, 즉 사유 행위와 언술 행위의 바깥에서 기웃거리는 타자들이 어떻게 재생산해 내고 밀쳐 내어지는가를 효과적으로 보여준다.

하위 주체Subalterne로 구성되는 방식

그렇다면 젠더와 인종의 밀접한 연관성은 과연 어디에서 비롯되는가. 이는 바로 이 두 범주가 몸이라는 장에서 추출되는 원인처럼 여겨진다는 것이다. 다시 말해 필자가 주목하고자 하는 바는, 몸 위에 각인되어져 떨쳐 낼 수 없는 그 무거움의 굴레가 차별을 정당화하는 원인이 아니라 바로 권력 효과임을 드러내야 한다는 것이다. 인종과 젠더라는 몸의 각인에 의해 즉각적으로 식별되어진다는 것은 무엇을 뜻하는가. 이는 분류화classification와 상동화homogénéization 작업을 통해 추출된 하위 주체Subalterne란 범주는 이미 예속화의 징표이며 하위 주체가 가질 수 있을 그 어떠한 잠재성이나 불예측성도 인정하려 하지 않는 것을 뜻한다. 즉 역동적 에너지의 장을 아예 상정하지 않고 종속적 범주 아래 통일시켜 정렬하려는 의지 아래 포박당하는 것이 하위 주체가 구성되는 방식이란 것이다.

내가 아래에서 언급할 일상의 에피소드는 단적으로 무엇을 뜻하는가. 프랑스의 한 대형 체인점 슈퍼마켓에서 있었던 일이다. 물건을 계산하려다 말고 점원이 내게 어느 국적이냐고 묻는 것이었다. 그는 나를 보자마자 아는 대로 쭉 늘어놓은 국적과 내가 일치하지 않자 그 난감함을 무마코자 이런 말을 했다. 설령 자기가 국적을 알아내진 못했지만 결국 '모든 아시아인들은 다 똑같다'는 발언으로 그는 나를 알 수 있다는 확신에 찬 말이었다. 그 말에 전혀 수긍할 수 없는 내 눈빛을 감지한 그 점원은 서둘러 자기 역시 흑인이며 모든 흑인은 다 똑같다는 말로 민감한 사안의 대화를 마무리했다. 이 일상적이며 사소한 대화에서 '모든 흑인은 다 똑같다'와 '모든 여성은 다 똑같다'는 등의 발언이 얼마나 폭력적인 상동화의 분류 작업인가를 드러낸다. 여기서 상동화의 분류 작업이란 다름 아닌 통제와 검열의 메커니즘으로서 작동하고 있다는 것을 드러낸다. 즉 상동화에 의한 분류작업이란 지배 계층이 피지배 계층을 보다 용이하게 통제하기 위해 일방적으로 한 특질이나 성향, 행동 양식을 일반화하여 하위 주체에게 적용하는 것을 일컫는다. 예컨대 '흑인은 춤이나 스포츠에 능하고 아시아인은 약삭빠르고 속을 알 수 없으며 자연친화적일 것이다'라는 인종적 특성에 대한 일반화는 곧 인종 차별주의적 편견이기도 하다. 이러한 식민 지배논리는 앎의 의지와 연계되어 있다. 지배자의 앎의 그물망에 쉽게 포획되어 이해되어질 수 있는 지평 안에서만 하위 주체는 설명되어지며 지배자의 이해 지평의 한계를 넘어서는 것에 대해선 비합리성이나 이해 불가능한 야만성으로 폄하하며 인식의 대상으로서 가치화될 수 없다고 단정 짓는 것이다. 이는 지배 계급에 의해 이름 붙여진 주류적 식별 표지란 결코 떼어 낼 수 없으며, 하위 주체는 이러한 구조적 매몰성 안에 갇혀 신음하고 열등성을 내재화하는 것 이외에는 다른 어떠한 저항 가능성이나 변형 가능성도 상정할 수 없다는 것이다. 어디서건 피부색이나 코의 모양, 머리칼의 형태 등의 신체적 특징에 의해 단정되고 판단된다는 것, 그것만으로 감지 가능하고 식별 가능한 것으로 인식되는 것, 다시 말해 하위 주체가 지배자의 인식 틀 안에 포박당하는 것만이 하위 주체의 유일한 존재 방식인 것인가. 하위 주체의 생존 방식이 주어진 인식 틀 안에서 강권적으로 배치된 자리와 이름에 충실한 것이라면 이것은 기존 사유 방식과 존재 방식의 메커니즘을 순응적으로 되풀이하는 재생산 기제 안에 갇힌 것일 뿐이다.

하위 주체[7]와 소수자

하위 주체와 소수자성, 하이브리드성에 대한 개념적 연동은 필자의 이론화 작업의 일환이 할 수 있다. 서발턴하위 주체이 발화 주체의 위상으로부터 배격된 것에 대한 문제의식과 함께 왜 하위 주체라는 계급성은 고정적 위치점으로 인식되어야만 하는가라는 문제의식을 제기함으로써 이보다 덜 계급성을 띤 소수자성 개념으로 이행해 나가려 하는 것이다. 하위 주체가 발화의 자발성, 투명성을 지닌 상부적 주체 개념을 전제로 한다면 소수자성은 다수적 주류성을 전제한다. 즉 인식 가능한 사유의 바깥, 외부성으로서의 이 두 개념은 왜 항상 타자화되는가에 주목해야 할 것이다. 이러한 맥락에서 소수자성이란 개념을 나 아닌 핍박받는 타자로 상정하는 것이 얼마나 허구적일 수 있는지를 드러냄으로써 소수자성이 우리를 구성하는 정치적 감수성의 일부임을 주장할 것이다. 그러기 위해서 하위 주체 개념의 계급성이 완화된 소수자성 개념을 제시함으로써 어떻게 나라는 정체성이 수많은 이질적 요소들과의 교차 지점을 형성하는가를 논증하고자 한다. 다시 말해 필자는 하위 주체를 소수자minorité와 밀접하게 연관되어진 정치적 포지션이라고 분석해 본다. 그렇다면 소수자란 무엇인가. 소수자를 '나 아닌 핍박받는 타자'라고 상정하는 것 역시 허구적 신화이다. 사회적 불평등 메커니즘 내에서 다양한 차별기제들이 얼마나 우리를 옭아매고 분류하고 있는 지를 우리는 쉬이 간과함으로써 이와 같은 신화에 종속된다. 다시 말해 우리는 수많은 상황 안에서 소수자로 위치지어진다. 왜냐하면 소수자란 몇몇 부적응자의 낙인 표지가 아니라 우리를 구성하는 유동적 포지션이기 때문이다. 우리는 성별로서 학벌로서 지역 파벌주의 안에서, 성적 기호도에 의해 피부색에 의해, 나이에 의해 끊임없이 차별과 몰이해의 대상이 된다. 예를 들어 내국인이란 안정적 위상은 몇 십분 거리의 비행기에서 내리면 외국인으로 변하는 매우 유동적 포지션인 것이다. 이는 내 안의 소수자 혐오주의란 곧 나 스스로의 다양한 가능성들과 정치성들을 축소하는 것임을 뜻한다. 즉 소수자적 감성이란 내 안에 수많은 포지션들이 내재함을 인정하는 정치적 감수성인 것이다.

이 정치적 감수성은 나와 타자라는 인식론적 이분 구조의 유효성을 파기하는 전략이기도 하다.

소수자란 욕망의 다면체가 드러나는 지점이기도 하다. 규범화된 욕망의 법 안에 질식되어질 수 없는 무수한 기호들이 부유하는 것, 이 단선화될 수 없는 욕망의 다층적 층위들이 무수한 결들로 구성되어 있음을 폭로하기에 소수자들은 배격의 대상이 된다. 즉 일원화된 자아, 통일성과 총체성을 갖춘 투명한 자아 개념이 붕괴되어지는 것을 곧 주체의 죽음으로 여기기도 한다. 왜냐하면 소수자들이란 거대 담론의 하나인 자아 개념을 폐기하는 전략적 지점이 될 수 있기 때문이다. 주체라는 거대한 합리성의 담지자가 해체되는 바로 그 지점에서 소수자들이란 무수한 정치적 지대들이 분출하는 것이다. 견고한 주체의 거대한 관 뚜껑으로서의 현실 좌표를 문제시하며 기존 판도를 뒤흔드는 것, 바로 그 가능성은 낯섦을 촉발하는 새로운 욕망의 언어들을 구사하고 모색해 내는 소수자들의 역학적 포지션이 가진 힘인 것이다.

소수자들—나이에 의한, 성적 기호도에 의한, 학벌에 의한, 피부색에 의한, 사회적 계층에 의한, 인종에 의한—은 합치성과 투명성의 욕망의 경제학 안에서 모호함과 불투명성, 부자연스러움이란 도전적인 키워드들로 이해되어진다. 정도와 규준틀로서 작동하는 인간 개념은 소화해 낼 수 없는 타자들, 즉 자신의 포섭 논리의 빈약성을 드러내는 타자들을 인간질서 바깥으로 밀어내려 한다. 아버지의 법질서인 상징체계는 정상화의 메커니즘으로 작동하기에 끊임없이 정상과 비정상을 양분하며 나아가 변태란 병리화의 범주를 만들어 낸다. 여기서 내가 주목하는 변태Perversion란 개념은 도덕적 판단 대상이나 병리적 치료와 교화의 대상이 아니라 종속화된 상상계에 파문을 일으키는 혁명적 욕망들의 실험성에 초점을 맞춘 것이다.

프로이트에 의하면 어린아이란 다각화된 변태성perversion polymorphe의 양태로 욕망의 지점들이 생식기 중심으로 고착화되지 않은 상태를 일컫는다. 즉 어린아이란 단선적이지 않은 욕망의 경제학을 일컫는다. 굳어진 욕망의 선들이 규범화되고 자연화될 때 우리는 이를 어른이 되었다 또는 정상인이 되었다고 표현한다. 정상성이라는 한정된 욕망의 기입표 안에서 강제적 이성애자와 기혼자로 살아가는 것이 순리가 되기 위해서는 어린아이의 다양한 욕망들의 범람을 한 방향으로 고정시켰을 때에만 가능해지는 것이다. 이러한 관점에서 프로이트와 라캉의 정신분석학은 우리가 어떻게 이성애자로 구성되어지는가에 대한 계보학적 분석을 가능케 해 준다. 여기에서 계보학적 분석analyse généalogique이란 원인이나 시초에 대한 형이상학적 노스탤지어에 입각한 분석 방법이 아니라 어떻게 한 개념이 역사적으로 구성되어져 왔으며 어떠한 이데올로기적 편향성을 내포하는가에 대한 비판적 분석법이다. 이 계보학적 분석법은 니체에 의해 고안되었으며 푸코가 이것을 계승하여 진리와 권력 그리고 주체 개념에 적용하였다. 이러한 계보학적 관점에서 필자는 이성애를 자연화된 욕망으로 보는 것이 아니라 강제성을 띤 규범으로 상정함으로써 이 규범적 픽션fiction régulatrice이 어떻게 작동하는가를 분석하기 위해 당연하다 여기는 모든 대전제들과 상식들에 대한 비판적 접근이 요구된다고 여기는 것이다. 이러한 거리두기 감각이 가능해지는 지점이 바로 소수자적 감성의 파장대라 할 수 있다. 그러나 일상을 지탱하는 규범의 거대한 기저를 이러한 소수자적 감성으로 낱낱이 파헤친다는 것은 쉬운 일이 아니다. 매순간 회의하는 기민성과 날카로움이란 '좋은 게 좋다'라는 무난함, 즉 집단적 룰을 내면화하는 쉬운 길을 뜻하지 않는다. 그렇다면 '좋은 게 좋다'라는 이 논리는 과연 누구를 위한, 어느 특정 계층을 위한 좋음인가. 주류적 시선에서 문제될 것 없이 넘어가는 일들이 어떠한 시점에서 발화된 특정한 언표 행위인가를 밝혀내는 것이 소수자적 시점이 가진 생산성이기도 하다. 이러한 비판적 생산성을 소위 계걸스러운 시비로 치부하며 이 시비가 촉발되는 지점을 구조적 모순에 대한 분석력으로 보기보다 한 개인의 불평불만으로 축소하거나 색깔 논쟁으로 비화하는 것이 비일비재하다. 이처럼 기존 판도를 깨는 이론적 분석력의 시도나 새로운 실천들은 욕망의 규범성에 의해 처단당해진다. 나아가 욕망의 다면체를 향한 두려움은 도덕적 판단 의식으로도 표출되어진다. 도덕적 판단 의식이란 정상화 메커니즘의 훈육 효과이다. 다시 말해 새로움, 낯섦에 대한 반동 의지가 죄책감이나 수치심으로 본성화되어 밀쳐 내어지는 것이다. 이러한 죄책감이나 수치심의 내면화는 남성보다 여성이, 지배 계층보다는 피지배 계층에서 더 두드러지게 나타난다. 이러한 관점에서 수치심과 도덕적 판단 의식의 내면화는 초자아super ego라는 검열 기관의 내재화를 통해서는 물론 여성 혐오주의misogynie라는 사회적 백안시에 의해서도 강화된다.

○○녀란 낙인찍기

담배녀에서 맥주녀, 된장녀, 비키니 응원녀에서 개념녀에 이르기까지 수많은 ○○녀들의 행진은 무엇을 뜻하는가. 이러한 ○○녀들이란 여성을 명명하고 규정하는 행위들의 난무함은 그만큼 여성이란 소수자적 정체성이 주류적 언어의 패러다임 안에서 이해되기엔 지나친 유동성과 변환성을 지니고 있다는 반증이 아닐까. 이처럼 개념녀와 무개념녀, 성녀와 창녀로 이분화하여 소수자들 간의 연대를 불가능하게 하려는 정치적 전략이기도 하다. 만약 여성 스스로가 개념녀와 무개념녀의 이분법적 프레임 안에 갇힌다면, 이는 자신이 명명되어지는 바로 그 지점이 얼마나 억압적이며 결국은 순응을 위한 상벌 효과에 불과함을 인식하고 있지 못하기 때문인 것이다. 또한 ○○녀라는 명명 행위는 어떠한 효과를 낳는가. 이것은 명명 행위 안에 여성을 포획하여 가두어 버림으로써 어떠한 저항의 몸짓이나 눈빛을 보일라치면 낙인을 찍어 버림으로써 행동성을 약화시키려는 것이 아닌가.

담배녀와 맥주녀가 동일 인물로 밝혀지고 이에 대한 혐오와 격분을 투사하는 것은 무엇을 뜻하는가. 소위 개념이 제대로 장착되지 않은 무개념녀를 폭력적으로 처단하는 행위를 시민 의식의 발로로 보고 당연시하는 것은 결국 여성이란 여전히 어린아이나 장애인, 외국인 등과 같이 이등 시민이라는 의식에서 기인한 것이다. 남자 성인 어른만이 제대로 된 시민으로서의 권리와 의무를 제대로 이행할 수 있으며 아직 덜 개념화된 이들에 대해선 폭력이나 폭언도 교화와 교정의 방법론으로 용인되는 것은 일상에서 젠더라는 식별 표지가 여전히 위계적 계급성으로 작동한다는 것을 나타내는 것이라 할 수 있다. 만약 남성 성인이 담배나 술을 공공장소에서 소비했다고 했을 때에 이렇게까지 그가 엄청난 사회적 낙인과 백안시의 대상으로 전락하게 되었을까를 되묻게 된다. 이처럼 무엇을 했느냐 보다 누가 했느냐에 따라 같은 행동을 했을 때에도 사회가 내리는 판단 기준의 적용 범위와 파장 여부는 상이하게 나타난다. 이 사회에 면면히 흐르는 여성 혐오주의misogynie는 여성이란 식별 범주로 분류되었을 때부터 더 많은 가치 판단의 대상으로서 어떠한 행동성도 쉬이 용인되지 않는 폭력적 이중 잣대 안에 여성을 포박시킨다.

○○녀라는 낙인찍기란 명명 행위를 보면서 우리는 과연 사회적으로 통용되는 개념과 상식은 누구에 의해 축조되어지고 유통되어지는가에 의문을 가질 필요가 있다. 상식과 개념이란 보편적이고 중립적인 의미라고 볼 수 없다. 이러한

중립적 의미, 즉 시공간에 의해 제한되어 있지 않은 탈역사적인 시점이란 이미 지식의 고전적 형상에 대한 노스탤지어에 불과하다. ≪지식인의 무덤≫이란 저서에서 리오타르는 이러한 지식인의 고전적 형상을 아르키메데스의 점으로 은유화한다. 여기서 아르키메데스의 점이란 보편적 주체, 즉 어느 관점의 편향성에 의해 덧씌워져 있지 않아 지정학적으로도 위치 지워질 수 없는 전방위적 시점을 뜻한다. 다시 말해 아르키메데스의 점이란 고전적 지식인의 형상이자 보편적 의미의 주체로서 역사적으로 위치 지워지지 않은 탈육화된 지점을 형상화한다 하겠다. 프랑스 현대 철학자인 프랑스와 리오타르가 ≪지식인의 무덤≫이라는 저서에서 이러한 지식인의 고전적 형상에 대한 비판을 가했다. 어쩌면 이 아르키메데스의 점이란 이상화된 객관성의 지점은 가장 이데올로기적 의도성이 집약적으로 투자됨으로써 끊임없이 제 위치성positionality을 은폐할 수 있는 전략적 지점이라 볼 수 있다.

그렇다면 위치성이란 무엇인가. 위치성 개념은 주체가 구성되는 방식을 문화적 역사적 코드화와 격자화를 통해 가능한 것으로 본다. 즉 주체란 역사적 인식론의 층위와 맞물려 시공간적으로 제한된 특정 발화 시점의 표출이라 본다. 이러한 위치성 개념은 보편적 주체, 즉 역사적으로 어디에도 위치 지워지지 않는 탈 육화된 주체 개념에 대한 극렬한 비판 의식에서 출발한다고 볼 수 있다. 그러나 위치성 개념은 실상으로부터 운동을 빼는 과정에서 출발하며 이것은 문화적 정지화면 안에서 육체를 간파하는 것이다.[8] 여기서 우리는 무엇에 주목해야 하는가. 위치성 개념을 도출하기 위해선 무엇보다 인식 틀의 격자무늬 위에서 읽혀질 수 있는 특정 지점의 고착화에 의해서만 그것이 가능하다는 것에 주목해야 한다. 즉 역사적 특수성, 구체적 현실 안에 위치지어지고 추출 가능한 특정 지점을 한 주체의 구성 양식에서 주요 요소로 여기기 위해선 이러한 위치성 개념이란 운동성이

제거된 상태, 즉 정지 상태여야 한다는 것이다. 어디에 위치 지어져 있느냐가 식별되기 위해선 그 식별을 가능케 하는 프레임을 상정해야 할 것이며 이러한 프레임 안에 정지된 한 점을 인식하는 행위가 바로 위치성 개념의 추출이라 할 때 우리는 문제적 상황에 직면하게 된다. 왜냐하면 위치성 개념은 선험적이며 초월적인 구조로서 이해되어 왔던 보편적 주체 개념에 대한 급진적 문제의식에서 비롯된 도전적 사유 형식이기 때문이다. 이러한 도전적 사유 형식이 다시 고체화의 메커니즘 안에서 위치화란 범주 적용의 장에 가두어진다는 것은 곧 운동 비전movement-vision이 가진 유동성과 비고착성을 제대로 실어 나르지 못한다는 것을 뜻하기 때문이다. 브라이언 마수미는 운동 비전을 거울 비전mirror-vison에 대비하며 전자를 유동성과 변화의 열림 양태로 보았다면 후자를 변화를 질식시키는 고정적 축이 존재하는 것으로 이해한다. 다시 말해 ○○녀라는 명명행위는 남근 이성 중심주의적 언어와 이해의 지평 안에 여성이란 소수자적 정체성을 가두어 둠으로써 통제와 이해를 용이하게 하려는 거울 비전의 적용이라 할 수 있다. 거울 비전이란 단일한 시야 축을 상정하고 이 편협한 프레임 안에서 운동을 적출하고 변화를 무화시키는 고착화의 양식이라 하겠다. 여기서 이해되어질 수 있는 것, 말해질 수 있는 것, 명명됨으로써 단정 지어지는 것이란 곧 대타자grand Autre의 질서에 종속되는 방식이기도 하다.

나가는 말 — 유희하는 몸corps-joueur으로서의 소수자성

소수자성은 견고한 얼굴 형상이 지워지고 무너지는 순간, 도래하는 사건적 주체의 양태라고 본다. 이러한 소수자성은 남근 질서에 의해 정제된 기표화의 효과물로서 육체성이 적출된 것이 아니다. 오히려 사건적 주체로서의 소수자성은 유희하는 몸인 것이다. 여기서 유희하는 몸이란 다양한 의미들의 변주가 가능한 지대이며 정제할 수 없는 흐름들의 실천이라 할 수 있다. 또한 유희하는 몸이란 강력한 자아 개념이 아니다. 즉 유희하는 몸은 새로운 주체화 과정의 모색이기도 하다. 이것은 나약함과 관계성, 연결성, 그리고 우연성과 모호성을 실어 나르는 수송체인 것이다. 나약함의 창으로서의 존재 양태인 유희하는 몸이란 내 안의 수많은 타자성과 조우하고 타자들 안에 나를 읽어 내는 유연한 정치적 횡단이며 사유 궤적이다. 그러나 이 나약함과 유약함은 주류적 코드화에 순응하는 예속성을 뜻하는 것이 아니다. 대타자의 질서에 편입하기 위한 복종성이 아니라 끊임없이 생성과 변화의 운동성으로 미끄러져 갈 수 있는 기민성이다. 이것은 모순과 양가성이 충돌하고 뒤엉키는 변환과 치환, 전이의 열린 양태라 할 수 있다. 이러한 열린 양태로서의 유희하는 몸은 양극화된 젠더 메커니즘의 식별 논리를 파기하는 힘을 가졌으며 예측 불가능하고 포획 불가능하며 당혹감과 경이로움을 안겨주는 비식별역을 구성한다. 여기서 비식별역으로서의 유희하는 몸은 소수자라는 감성의 파장대와 맞닿는 것이다. 다시 말해 유희하는 몸은 소수자적 감성대를 드러나게 하는 것으로 일상의 타성이란 관성에서 벗어나 욕망의 경제학을 재구성한다. 생경하고 낯설게 하기란 급진적 효과를 실어 나르는 이 새로운 개념은 몇 천 년을 관통해 왔던 전통과 인습의 무게를 절대화하지 않는 문제적 의식들을 생산해 낸다. 이러한 관점에서 유희하는 몸corps-joueur은 남근 질서에 예속되지 않는 새로운 주체화 구성 방식이며 새로운 의미화 과정이자 새로운 욕망의 대안적 실천이 되는 것이다.

정의의 문제

근래 정의의 문제가 다시금 사람들에게 커다란 관심의 대상이 되고 있다. 우리 사회 도처에서 정의롭지 못한 현상들을 직접 목도하면서 도대체 정의가 무엇인지 진지하게 고민하는 사람들이 점차 늘고 있다. 그럼에도 정의는 우리에게 자신의 모습을 분명하게 드러내지 않는다. 이 글에서는 전통적인 정의론의 내용과 문제가 무엇인지, 현대의 정의론은 어떤 방식으로 정의의 문제에 접근하고 있는지, 새로운 정의론의 가능성으로서 미학적 정의론은 어떠한 논의를 담고 있는지 살펴본다.

서윤호

정의란 무엇인가?

'정의'의 문제는 최근 우리 사회에서 커다란 관심의 대상이 되고 있다. 이것은 매우 반가운 현상이지만, 동시에 우려스러운 일이기도 하다. 그 까닭은 정의를 외치는 사회일수록 정의가 사라진 사회일 수 있기 때문이다. 이러한 상황을 좀 더 깊이 들여다보고자 하는 사람들은 오늘날 정의의 개념이 이전보다 훨씬 더 불명확해지고, '사회정의'라는 이념에 뭔가 심각한 고장이 났음을 감지할 수 있을 것이다. 최근 불거지고 있는 '갑의 횡포', 이른바 '갑질'이라는 사회적 현상을 보면,

정의가 과연 무엇인지 또 과연 이 세상에 그런 게 존재하기나 하는 것인지 다시 한 번 생각해 보게 한다. ≪정의란 무엇인가≫라는 샌델의 책이 선풍적인 인기를 얻은 것도 어쩌면 이런 우리의 현실과 결부되어 있지 않을까? 베스트셀러가 된 그 책을 열심히 읽어도 도무지 손에 잡히지 않는 정의의 실체는 무엇인가? 과연 고대 그리스 소피스트 트라시마코스가 말한 것처럼 '정의는 강자의 이익'에 지나지 않는 것일까? 정의 개념에 대한 혼란스러움은 현대의 다원주의 사회에 발맞춰 새롭게 등장한 다원적 정의론의 단순한 여파에 지나지 않는 것인가? 새로운 형태의 정의론에 대한 시도로서 아름다운 정의의 문제를 다루는 미학적 정의가 논의될 수 있는 가능성과 기회는 바로 이러한 오늘날의 상황과 정확히 맞물리고 있는 것은 아닌가? 파스칼은 ≪팡세≫에서 피레네 산맥 이편과 저편의 정의가 다르다고 말하고, 지구의 자오선이 정의와 법의 내용을 정한다고 말한다. 도대체 정의의 기준은 무엇인가? 이 물음에 대해 오늘날 우리는 상대주의적 답변으로 만족할 수밖에 없는가? 여기에서는 정의의 문제와 관련하여 전통적 정의론이 어떠한 문제점에 봉착하고 있으며, 현대적 정의론은 이러한 문제들을 어떻게 해결하고자 하는지, 또 미학적 정의론은 이러한 상황에서 무엇을 주장할 수 있는지 살펴보고자 한다.

전통적 정의론 — 각자에게 그의 몫을!

전통적인 정의론은 '각자에게 그의 몫을 돌려주라'라는 명제로 압축된다. 이 말을 한 사람은 로마의 법학자 울피아누스이다. 울피아누스의 말은 법학자들에게는 금과옥조와 같이 다루어지고 있다. 그러나 각자에게 돌려줄 그의 몫은 과연 무엇이며 또 누가 그것을 정하는가? 오늘날 각자에게 평등하게 주어지는 몫은 일반적으로 '인권'의 이름으로 논의된다. 그러나 각 시대마다 각자에게 그의 몫으로 돌아가는 내용은 다양하게 파악되었다. 울피아누스의 명제는 아리스토텔레스의 ≪니코마코스 윤리학≫에 그 뿌리를 두고 있다. 아리스토텔레스에 앞서 정의의 문제를 언급한 철학자는 여러 소피스트들과 플라톤이 있다. 이들의 정의에 대한 논의부터 간략하게 살펴보자.

안티폰, 알키다마스, 뤼코프론, 히피아스 등의 소피스트들은 약자를 위한 자연법을 정의로 파악하고 있는 데 반해, 트라시마코스와 칼리클레스 등의 소피스트들은 강자의 이익이 곧 정의라는 입장을 취한다. 트라시마코스는 플라톤의 ≪국가≫ 제1권에서 "정의는 강자의 이익"이라고 말하고 있으며, 또 플라톤의 대화편 ≪고르기아스≫에서 칼리클레스는 인간평등에 대한 반대자로서 강자의 자연권을 강조한다. 인간 및 동물의 세계에서 자연(피지스)은 모두 강자의 본래적인 우월성에 기초하고 있다. 그러나 인간에 의해 만들어진 법률(노모스)은 다른 사람들보다 더 많이 가질 수 있는 강자들을 제압하려 든다. 기존의 노모스는 약자들이 강자들을 억압하기 위해 만들어 놓은 것에 불과하므로 자연적 정의, 즉 강자의 자연적 권리에 의해 다시 정해져야 한다. 이에 따르면 국가도 약자들의 결합체로서 반자연적인 결합이 아닐 수 없다. 칼리클레스는 다음과 같이 말한다. "만일 충분한 자질을 지닌 한 인간이 등장한다면, 우리들의 노예였던 그는 모든 사슬을 끊고 문서화된 법률을 밟고 모든 반자연적인 법률을 짓밟아 버리고 들고일어나 이제 우리의 주인으로 등장한다. 이때 자연적 정의가 빛을 발하게 될 것이다." 칼리클레스의 정의에 대한 논의는 마치 나중에 니체가 말하는 초인의 도덕과 정의를 연상하게 한다. 니체의 초인은 기존의 노예의 도덕과 정의를 깨고 선악의 저편으로 넘어가고자 한다. 그렇다면 초인들 사이의 도덕과 정의는 어떻게 정립되는가? 니체도 칼리클레스도 이에 대해서는 더 이상 말이 없다. 마치 벤야민의 신적 폭력과 같이 번개처럼 나타나서 기존의 신화적 폭력을 무화시키는 것처럼 신적 폭력의 존재와 등장만 언급할 뿐 그 등장 이후의 모습에 대해서는 구체적인 논의가 없다.

플라톤은 ≪에우티프론≫에서 정의의 문제를 다음과 같이 제기한다. 신이 그것을 좋아하기 때문에 정의가 옳은 것인가, 아니면 정의가 옳기 때문에 신도 그것을 좋아하는 것인가? 이에 대해 플라톤은 주지주의적 입장에서 정의가 옳기 때문에 신이 그것을 좋아하는 것이지 신이 그것을 좋아하기 때문에 정의가 옳은 것은 아니라고 논증한다. "의지(권위)가 아니라 진리가 법을 만든다Veritas, non voluntas facit legem." 이러한 주지주의적 전통은 나중에 홉스에 이르러서야 비로소 "진리가 아니라 권위가 법을 만든다Auctoritas, non veritas facit legem."는 명제에 의해 근본적인 비판을 받게 된다.

플라톤의 정의론은 그의 국가론 및 인간관과 긴밀한 관계에 놓여 있다. 플라톤은 폴리스를 인간의 확대판으로 보고, 이상국가론의 구상을 개별 인간에서 출발하고 있다. 플라톤은 국가를 대문자로 쓰인 개인으로 파악한다. 그는 인간을 육체라는 말을 타고 가는 기사로서의 영혼에 비유한다. 영혼은 이데아에 접근할 수 있는 정도에 따라 이성, 의지, 욕망의 세 부분으로 구분된다. 이 세 가지는 모든 사람들에게 꼭 같은 정도로 주어져 있지 않고 사람마다 차이가 있게 마련이어서 이성이 강한 사람이 있는가 하면 의지 또는 욕망이 더 강한 사람이 있다. 이성, 의지, 욕망에 대응하여 삼원덕으로서 지혜sophia, 용기andreia, 절제sophrosine가 있으며, 이성이 의지와 욕망을 지혜롭게 통제함으로써 영혼의 조화가 성립하고 정의dikaiosyne가 실현된다고 보았다. 플라톤은 개인의 정의관을 국가의 정의관에 그대로 확장한다.

플라톤에게서 정의는 개인적 덕목이면서 동시에 사회적 덕목을 이룬다. 인간은 각 개인마다 이성 · 의지 · 욕망에 차이가 있으며, 또 삼원덕을 고루 갖추고 있지 않다. 이러한 인간의 선천적 불평등에 기초하여 상이한 계급 체계가 정당화된다. 국가는 지혜를 가진 철학자, 용기를 지닌 전사, 절제를 갖춘 생산자로 구성되는데, 이들 각자는 그 뛰어난 소질에 따라 계급을 달리한다. 모두가 자기에게 주어진 역할을 충실하게 수행하고 다른 계급의 일에는 간섭하지 않을 때 국가적 차원에서 정의가 실현된다. 이것이 바로 플라톤이 말하는 이상국가이다.

플라톤에게서 국가적 차원의 정의는 각 개인이 스스로의 능력에 따른 직분을 충실히 수행함으로써 개인과 신분 또는 계급간의 조화와 균형이 이루어지는 이상적인 사회 상태를 의미한다. 영화 〈설국열차〉는 플라톤의 정의론을 우리에게 극명하게 보여주고 있다. 총리 메이슨 역으로 나오는 틸다 스윈튼은 반란을 일으킨 무리들에게 다음과 같이 말한다. "I belong to the front. You belong to the tail. Keep your place!" 이와 같이 플라톤의 정의론은 '신분적 정의론' 또는 '계급적 정의론'으로 드러난다. 이러한 정의론은 이상적 상황을 담보로 현재의 상태를 영원히 고착화하려는 보수적, 고정적, 신분적, 계급적 정의론으로 귀결된다. 개인에게서 이성에 의하여 의지와 욕망이 통제되는 것과 마찬가지로, 정의가 실현된 이상국가는 이성과 지혜가 뛰어난 자, 즉 철인왕에 의해 통치되는 국가이다. 국가는 커다란 인간이며 완전한 이상사회이므로 개인은 전적으로 그 목적에 봉사해야 한다. 설령 이러한 사회가 이상적이라고 해도 플라톤의 정의론은 오늘날 다원적 민주사회에서는 받아들이기 힘든 부분이 많다. 칼 포퍼는 이 점에 주목하여 ≪열린 사회와 그 적들≫에서 플라톤의 국가철학이 전체주의적 경향을 띠고 있음을 비판하고 있다.

정의론의 주요 내용은 뭐니 뭐니 해도 아리스토텔레스의 ≪니코마코스 윤리학≫에서 그 기본적이고 핵심적인 형태가 잘 드러난다. 아리스토텔레스의 정의론은 오늘날까지도 정의론의 고전으로 남아 있다. 앞에서 살펴본 플라톤의 정의가 특별한 덕목이라기보다는 모든 덕목의 조화와 공존의 상태를 의미하는 데 비해, 아리스토텔레스는 ≪니코마코스 윤리학≫ 제5권에서 최초로 법질서의 이념으로서 특화된 정의론을 제시하고 있다. 그는 정의dikaion를 일반적 정의와 특수적 정의로 구분한다. 일반적 정의는 공동체의 구성원 개개인이 자신의 심정과 행동을 공동체의 일반원리에 적합하게 하는 것, 다시 말해 시민들이 폴리스의 법을 잘 준수하는 준법성 또는 합법성을 말한다. "모든 사람들이 생각하는 정의란 사람들로 하여금 옳은 일을 하게 하며, 옳은 태도로 행동하게 하며, 또 옳은 것을 원하게 하는 성품이다. … 그러므로 이러한 의미로서의 정의는 완전한 덕이다. 그러나 그것은 무조건적으로는 아니고, 우리의 이웃에 대한 관계에 있어서만 그렇다. 그리하여 정의는 가끔 모든 덕 가운데 가장 큰 덕이라 생각되며, 또 저녁의 별도 새벽별도 그만큼 놀라운 것은 못 된다. 그래서 정의 속에는 모든 덕이 다 들어 있다고 하는 속담이 있는 것이다. 그리고 그것은 완전한 덕의 활용이기 때문에 충만한 의미에 있어서의 완전한 덕이다."[1] 이와 같이 아리스토텔레스는 일반적 정의를 완전한 덕으로서 칭송한다.

그러나 바로 아리스토텔레스는 이러한 일반적 정의가 관심의 대상이 아니라 특수적 정의가 탐구의 대상이 되고 있다고 하면서 일반적 정의에 대한 논의를 아쉽게도 더 이상 전개하지 않는다. "그러나 여기서 우리가 탐구하고 있는 것은 덕의 한 부분인 정의일 따름이다. 사실 이러한 종류의 정의가 있고, 우리는 이것을 긍정한다. 이와 마찬가지로 우리가 관심을 두고 있는 부정의도 특수한 의미에서의 그것이다."[2] 일반적 정의에 비해 특수적 정의란 법의 구체적 원리에 기초하여 공동생활에 있어서 각 개인의 물질적, 정신적 이해관계를 평등하게 분배하고 조화시키는 것을 말한다. 특수적 정의는 다시 분배적 정의와 시정적 정의로 세분화된다. 분배적 정의는 사회의 부와 권력, 책임과 의무의 분배원리로서 각인의 응분에 기하여 기하학적 비례에 따라 균분하는 것을 말하고, 시정적 정의는 일정한 분쟁의 경우 재판관의 권위하에서 강제되는 것으로 불법에 대한 배상원리를 말한다. 이러한 시정적 정의에서는 분배적 정의에서와 같이 기하학적 비례가 아니라 산술적 비례가 문제된다. 시정적 정의는 후에 스콜라철학에서 교정적 정의를 포함하여 오늘날 우리에게 익숙한 '평균적 정의'로 파악되고 '분배적 정의'와 함께 정의론의 고전적 모델로 자리 잡게 되었다. 이와 같이 일반적 정의와 특수적 정의의 구분, 분배적 정의와 평균적 정의의 구분, 절대적 평등과 상대적 평등의 구분 등등 정의와 관련된 전통적인 주요 문제는 모두 아리스토텔레스의 논의에 그 뿌리를 두고 있다.

아리스토텔레스의 정의론은 한마디로 '같은 것은 같게, 다른 것은 다르게'라는 말로 표현할 수 있다. 그러나 문제점이 남는다. 무엇을 같은 것으로, 또 무엇을 다른 것으로 다루는 기준은 무엇인가? 또 그것을 도대체 누가 결정하는가? 아리스토텔레스는 정의의 문제를 평등의 문제로 치환하고 있는데, 과연 평등의 문제로 정의의 문제를 다 해결할 수 있는가? 아리스토텔레스가 모든 덕 중에서 완전한 덕이라고 칭송한 일반적 정의, 즉 준법성 또는 정의감의 문제가 이후의 정의론에서 아무 흔적도 없이 사라지고 논리적이고 계산적인 합리적, 이성적 정의에만 논의가 치중하게 되는 것도 문제이다. 아리스토텔레스의 정의론은 중세 토마스 아퀴나스의 정의론을 걸쳐 오늘날에도 라드브루흐에 이르기까지 강력한 영향력을 행사하고 있다.

근대의 정의론은 전통적인 정의론의 기초 위에서 이성에 기초한 보편적이고 합리적인 정의에 대한 추구로 특징지어진다. 이와 같이 이성에 기초한 근대적 정의관은 "하늘이 무너져도 정의를 세워라!"라고 말한 칸트에게서 가장 극명하게 나타난다. 칸트는 유명한 '섬의 비유'에서 한 섬의 주민들이 모두 합의하여 섬을 버리고 공동체를 해체하기로 결정한다 할지라도 남아 있는 사형수의 마지막 한 사람까지 반드시 처형해야 한다고 주장한다. 이는 죗값이 다른 사람들에게 돌아가는 것을 막고 죗값을 치루는 것을 모든 사람들이 경험하게 하기 위해서 반드시 필요한 일이라고 한다. 법칙론적이고 의무론적인 근대의 정의론은 추상적 이성 주체에게 규제적 이념으로서 제시된다. 이와 같이 근대의 정의론은 유일하고 보편타당하며 영구불변한 정의의 원칙을 세우고자 시도한다. 이러한 근대의 이성적 정의는 빅토르 위고의 소설 ≪레 미제라블≫에 나오는 자벨 경감의 인생 모토가 된다. 자벨 경감은 죄를 지었으면 당연히 감옥에 가야하며 그것이 사회정의를 실현하는 길이라고 믿고 악착같이 장발장의 뒤를 쫓는 원칙주의자가 된다. 이러한 정의가 과연 지상 최고의 과제일까?

현대의 정의론— 절차적 정의와 다원적 정의

현대의 정의론은 전통적인 정의론과는 뚜렷한 차이를 보여준다. 현대의 정의론은 유일하고 보편타당하며 영구불변한 정의의 원리를 세우려는 목표를 더 이상 고집하지 않으며, 그 내용뿐만 아니라 방법론적 기초, 이론의 구성 방식에 있어서도 확연히 다른 모습을 보여준다. 무엇보다도 현대의 정의론에서 눈에 띄는 점은 전통적인 실질적 정의론에 대한 반성에서 출발하여 절차적인 관점에서 정의를 재검토하고자 하는 '절차적 정의론'의 경향을 강하게 띠고 있다.

현대 정의론의 새 장을 연 롤즈는 20년간 '정의'라는 단일 주제를 연구한 후 1971년에 ≪정의론≫을 펴낸다. 이 책은 발간되자마자 현대의 고전의 반열에 오른다. 롤즈는 정치철학적 주제가 사라진 메타윤리학의 시대에 '실천철학의 복귀'를 내세우면서, 공정한 절차와 중첩적 합의를 통한 '절차적 정의론'을 주장한다. 롤즈가 ≪정의론≫에서 탐구하는 바는 사회의 기본구조의 정당성의 문제이다. 다시 말해 사회 내에서 권리와 의무를 배분하고 사회적 협동으로부터 생긴 이익을 분배하는 방식의 정당성을 문제 삼는다. 이 문제를 해결하기 위해 그는 공정으로서의 정의justice as fairness라는 개념을 도입한다. 그에 따르면 무지의 베일을 쓴 공정한 원초적 상황에서 사람들이 서로 합의한 것이 정의라는 것이다. 롤즈는 이러한 원초적 상황에서 사람들은 다음과 같은 두 가지의 원칙에 합의를 볼 것이라고 한다. 바로 그것이 그의 유명한 정의의 두 원칙이다.[3]

> 제1원칙: 각인은 다른 사람들의 유사한 자유와 양립할 수 있는 가장 광범위한 기본적 자유에 대하여 동등한 권리를 가져야 한다.
>
> 제2원칙: 사회적 · 경제적 불평등은 다음의 두 조건을 만족시키도록 편성되어야 한다. ⓐ 최소수혜자에게 최대의 이익이 되고, ⓑ 공정한 기회균등의 원칙 아래 모든 이에게 개방된 직책과 직위에 결부되어야 한다.

제1원칙은 '기본적 자유의 원칙'이라고 하며, 기본적인 자유는 모두에게 동등하게 배분되어야 한다는 것을 말한다. 불평등 취급에 관한 제2원칙은 '차등의 원칙'과 '공정한 기회균등의 원칙'으로 이루어진다. 차등의 원칙은 불평등 취급의 경우에는 최소 수혜자에게 최대의 이익이 되도록 해야 하며, 그 경우에도 불평등의 대상이 되는 제한된 직책과 직위에 대해 모두에게 공정한 기회균등의 원칙을 지켜야 한다는 것이다. 나중에 롤즈는 정의의 두 원칙에 대한 비판을 받아들여 그 내용을 약간 수정한다. 제1원칙에서 단수로 되어 있는 기본적 자유를 복수의 형태로 바꾸고, 제2원칙에서 공정한 기회균등의 원칙과 차등의 원칙의 순서를 바꾸고 있다.

이러한 롤즈의 정의론에 대해서는 부당전제의 오류, 즉 원초적 입장이라는 전제 그 자체에 정의의 원칙에 대한 결론이 함축되어 있다는 비판이 가해진다. 또 지나치게 개인주의적이라는 공동체주의자들의 비판이 집중되면서, 〈정치적 자유주의〉에서 자유주의의 다원성을 고려하여 공동체주의적 요소가 반영된 수정된 자유주의를 제시하면서 자신의 정의론을 정치적으로 재해석한다. 이제 롤즈는 각 시민들이 자신들의 포괄적 교리들을 전제로 중첩적 합의overlapping consensus를 통해 정의의 원칙이 도출된다는 점을 분명히 한다. 나아가 롤즈는 정치적 영역에서의 논의가 사회구성원 모두에게 공통적인 공적 이성에 의해 이루어져야 한다고 주장한다. 이로써 롤즈는 정의의 원리가 사회의 제반 관계로부터 독립해 있는 상위의 정치질서로서 다른 세계관과 가치관들의 한계를 설정해 주며, 또 민주사회의 다원성을 긍정하면서도 시민들의 공적 지위를 북돋우는 원리여야 한다는 점을 강조하고 있다.

롤즈의 정의론에 대해서는 자유주의에 기초하고 있는 미국 사회에서 자유와 평등의 이념을 조화시키고 있다는 점에서 많은 이들의 관심을 받았다. 롤즈의 정의론에 대한 비판은 평등의 이념을 강조하는 좌파들보다 자유의 이념을 강조하는 우파 정치철학자 노직에게서부터 시작된다. 같은 하버드대학교 동료

교수인 노직은 ≪무정부, 국가, 유토피아≫에서 자유면 자유고 평등이면 평등이지 자유와 평등의 어정쩡한 결합은 문제가 있다면서 자유지상주의적 관점에서 정의의 문제에 접근한다.

노직의 자유지상주의를 이해하기 위해서는 무정부주의에서 출발할 필요가 있다. 무정부주의는 법을 비롯한 모든 인위적 제도를 거부한다. 이미 오래 전 홉스가 고민했다시피 무정부상태에서 인간은 자신의 생존에 대한 우려로 인해 안정적인 삶을 영위할 수 없다. 이 점에서 우리가 사회를 구성하며 살아가는 한 무정부주의는 유토피아일 수밖에 없다. 현실은 우리에게 자유에 대한 최소한의 제한을 요구한다. 이러한 문제의식에서 노직은 '최소국가론'을 주장한다. 노직에 따르면 정의국가, 즉 정의의 이름으로 가치와 재화를 강제로 분배하는 국가는 바람직하지 않다. 바람직한 국가는 개개인의 자유와 권리의 보호에 자신의 임무를 한정하는 최소국가minimal state여야 한다. 로크가 자연 상태에서 개인이 생명, 재산, 자유의 자연권을 갖는다고 보았듯이, 노직도 자연 상태의 기본적 자유를 침해하지 않는 국가만 정당화된다고 보았다. 노직의 최소국가는 현대판 야경국가이다. 사회는 재화와 용역을 자발적으로 교환하는 시장체제이며, 시장의 보호가 정의론의 핵심문제를 이룬다.

노직은 자유 우선의 관점에서 정의의 원리를 논한다. 그는 개인의 소유가 정의로울 수 있는 조건에 관하여 '권원이론'을 제시한다. 권원이론은 취득, 양도, 시정의 세 가지 원리로 구성된다. '취득의 원리'는 무주물을 정당하게 취득한 사람은 그 물건을 소유할 권원을 갖는다는 것이고, '양도의 원리'는 정당한 소유권원을 가진 사람이 자신의 자유의사에 기해 물건을 양도했을 경우 양도받은 사람은 그 물건을 소유할 권원을 갖는다는 것이며, '시정의 원리'는 앞의 두 원리에 따라

이뤄진 분배는 원칙적으로 정당하지만 사기·강박 등에 의하여 불공정하게 이뤄진 경우에는 시정되어야 한다는 원리이다. 이들 세 가지 원리에 의해 분배가 이뤄진 경우 국가는 재분배를 비롯한 간섭을 해서는 안 된다. 비록 결과적으로 재화의 분배가 불공정한 것처럼 보이더라도 취득과 양도가 합법적으로 이뤄지는 한 그 상태는 정의롭다. 다시 말해 취득과 양도의 과정에 하자가 없다면 빈부의 격차가 아무리 크더라도 그 분배는 정의롭다고 노직은 말한다.

롤즈의 정의론에 대한 좌파들의 비판은 1980년대에 들어와서 일련의 공동체주의자들에 의해 자유주의 비판과 더불어 이루어진다. 그 대표주자가 샌델과 왈저이다. 롤즈가 원칙에 입각한 보편적 정의론을 주장하고 있다면, 샌델과 왈저는 다원적, 맥락적, 구체적 정의를 주장한다. 최근 우리나라에서 베스트셀러가 된 ≪정의란 무엇인가≫에서 샌델은 정의 논의와 관련된 다양한 사례를 통해 균형 잡힌 도덕적 판단으로서 정의의 문제를 제시하고 있다. 이 책을 읽은 많은 사람들은 "샌델의 논의가 참 재미있고 흥미로운데, 도대체 정의가 무엇인지 명쾌하게 제시하고 있지 않다."고 평을 한다. 이 문제는 샌델의 정의론이 주장되는 이론적 배경을 생략하고 책을 읽는 데에서 나온다. 롤즈의 원칙론적이고 추상적인 정의론에 대한 비판의 맥락에서 샌델의 책을 읽는다면, 그가 말하고자 하는 다원적 정의론을 한층 풍부하게 이해할 수 있을 것이다.

샌델은 자유주의와 공동체주의 논쟁을 촉발시킨 학자의 한 사람으로서 ≪자유주의와 정의의 한계≫에서 롤즈의 인간관에 초점을 맞춰 롤즈의 정의론의 이론적 기초를 비판했다. 샌델은 롤즈의 자유주의를 의무론적 자유주의로 규정짓고, 이는 인간의 구체적 현실을 무시하는 잘못된 인간관을 전제하고 있다고 비판한다. 정의의 우선성을 앞세우는 롤즈의 의무론적 자유주의는 자아의 우선성을 강조한다.

롤즈는 개인의 자아가 외부의 자의적인 요소에 의해 규정되는 것을 반대하고 국가와 사회는 개인의 정체성 형성을 방해해서는 안 된다고 본다. 특히 선에 대한 관념과 삶을 형성해나가는 권리는 절대적으로 개인의 문제이며, 이는 국가에 의해 중립적으로 보호되어야 할 인간 본연의 권리라고 이해한다.

그러나 실제로 인간은 다양한 관계들에 의해 규정되는 사회 속에 얽매여 있다. 사회에 뿌리를 내리지 않고 전혀 얽매여 있지 않은 독립적인 인간이라는 사고는 인간의 사회적 역할이 인간들을 존재하게끔 하는 인격의 한 부분이라는 사실을 망각하고 있는 것이다. 인간은 부분적으로 그들이 살고 있는 공동체에 의해 규정되는 존재이다. 이러한 인간관에 기초하여 샌델은 롤즈의 정의론을 비판한다. 그는 공동체의 요청에 대한 정의의 우선성을 비판하고, 우애, 상호 이해, 공동선의 획득이라는 가치를 강조하는 정치에 대한 이해를 주장한다. 인간은 권리와 정의의 원리가 아니라 공동선에 의하여 지배된다. 샌델의 공동체주의적 정치철학에 따르면 정의의 요청은 공동체의 가치나 공동선의 요청에 대하여 우월할 수 없고 기껏해야 제한적으로 적용될 뿐이다.

왈저는 ≪정의의 영역들≫에서 정의의 기준이 시대와 장소에 따라서 달라질 수밖에 없다는 점에 주목하여 롤즈의 보편적 정의론을 비판하고 다원적 정의론을 제시한다. 그의 주장은 한마디로 각각의 영역에 따라 정의의 기준이 달라져야 한다는 것이다. 왈저는 단순평등simple equality을 비판하고 이러한 단순평등에 대해 복합평등complex equality을 주장함으로써 각 영역에서의 다원적 정의를 위한 이론적 틀을 제시하고 있다. 일반적으로 평등주의자들은 인간의 삶에서 공통으로 요구되는 일련의 사회적 기본가치 혹은 재화를 확인한 후, 이런 가치들을 모든 성원에게 평등하게 분배하거나 사회적 최소치를 조장하고자 한다. 왈저는 이러한 평등을 단순평등이라고 부르고, 롤즈의 정의론을 대표적인 단순평등의 이론으로 규정한다. 이러한 단순평등에서는 돈을 정치권력과 교환한다든지 정치권력으로 명예까지 확보하고자 하는 등 가치들 사이의 전환이 이루어지는데, 가치들 사이의 이러한 전환을 왈저는 전제라고 하며, 이를 자신의 복합평등을 통해 저지하고자 한다.

왈저는 재산이나 권력 혹은 명예와 같이 사회적으로 중요한 특정 가치를 소유한 일부의 사람들이 그 가치 이외의 다른 가치까지 모두 장악할 수 있는 상황은 결코 정의로운 상태가 아니라고 본다. 왈저가 주장하는 복합평등은 여러 가지 사회적 가치들이 서로 구별되며, 그 분배원칙도 서로 다를 수밖에 없다는 점에서 출발한다. 왈저에 따르면 우리가 정당한 몫을 요구하는 가치들은 정치권력, 공직, 경제적 부, 교육, 명예, 의료 혜택 등 사회적으로 중요한 가치들이다. 물론 무엇이 그 사회에서 중요한 사회적 가치인가에 대한 답은 시대마다 또 사회마다 다를 수밖에 없다. 우리 사회에 적합한 복합평등을 모색하기 위해 우리 사회에서 소중하게 간주되는 가치들을 파악하고 그 가치들이 어떻게 서로 구분되는지 확인할 수 있어야 한다. 서로 구별되는 가치들이 확인되고 그 고유한 영역이 정해지면, 그 가치에 가장 적합한 분배원칙 역시 찾아낼 수 있을 것이고, 이때 적용되는 분배의 원칙은 해당 가치의 특성에 따라 다원적일 수밖에 없다고 왈저는 주장한다. 왈저는 롤즈와 같이 평등주의적 관점만으로 공동체의 모든 영역을 규율하는 것은 한계가 있다고 본다. 결국 왈저의 다원적 정의론은 모든 정의와 권리들에 대한 해답은 각각의 공동체 내에 존재하며, 인간 사회에서 보편타당한 유일한 정답은 있을 수 없다는 입장을 취하고 있다.

정의의 한계와 미학적 정의의 가능성

과연 정의가 사회의 문제를 다 해결하는가? 성경에서는 정의를 완성하는 것은 사랑이라고 한다. 사랑 앞에서 정의의 한계는 여실히 드러난다. 그래도 사회의 문제는 정의의 영역에서 다뤄져야 한다. 이 문제를 좀 더 진지하게 고찰한다면, 공동체주의자들이 주장하는 바와 같이 '정의와 공동선의 관계'에 대해 고민하지 않을 수 없다. 옳음의 문제와 좋음의 문제는 어떠한 관계에 있는가? 이러한 정의에 대한 논의는 대개 사회의 공동선에 대한 논의의 토대 위에서 정의의 논의가 비로소 제대로 전개될 수 있다고 하는 입장을 취하고 있다. 그러나 정의를 파악할 다른 가능성은 없는가? 전통적으로 철학의 세 가지 가치로 논의되는 '진선미의 가치'와 관련하여 정의의 문제를 우리는 더 살펴볼 수 있다. 진리와 정의의 관계는 보통 절차적 정의의 문제로 접근할 수 있고, 공동체주의자들은 공동선과 정의의 관계를 진지하게 고민하고 있다. 그렇다면 아름다움이라는 미의 가치는 정의와 아무 상관이 없는 것일까? 현대의 포스트모던 사회는 이성의 가치를 문제 삼으면서 심미적 가치의 문제에 몰두한다. 그렇다면 현대의 심미적 사회에서 정의의 문제는 어떤 의미를 가질 수 있을까? 미학적 정의론의 가능성과 기능은 어떤 방식으로 자기 모습을 드러내는가?

'미학적 정의'는 '아름다움과 옳음의 관계'를 연구의 대상으로 삼는다. 법학에서 미학적 정의론에 대한 시도는 매우 드문 편이다. '미학적 정의'라는 주제에 가장 근접한 내용을 담고 있는 것으로는 먼저 누스바움의 ≪시적 정의≫를 언급할 수 있을 것이다.

누스바움은 1994년 봄 시카고 대학 로스쿨에서 '법과 문학' 수업을 진행하면서 문학작품들과의 연결고리 속에서 동정과 자비의 문제, 공적 판단에서 감정이 행하는 역할, 그리고 나와 타인이 처한 상황에 대한 상상, 성, 동성애, 인종 등 구체적인 사회문제들에 대해 토론에서 다뤘던 주제들을 정리해서 ≪시적 정의≫를 펴냈다. 누스바움은 이 책의 서문에서 스토리텔링과 문학적 상상이 합리적 논증에 반하는 것이 아니라, 오히려 합리적 논증에 필수적인 구성 요소를 제공해 주며, 서사문학에 대한 사유가 법, 더 넓게는 공적 추론에 기여할 수 있는 잠재력을 지니고 있음을 강조하고 있다. 미학적 정의, 정확하게는 문학적 정의에 대한 누스바움의 핵심 주장을 한번 들어보자.

> 문학적 상상력은 공적 합리성의 한 부분이지만, 그 전체는 아니다. 감정을 이입하는 상상력이 원칙을 따르는 도덕적 추론을 대체해야 한다는 주장은 극도로 위험한 것이며, 나 역시 그러한 제안을 하고자 하는 것은 아니다. 사실 내가 문학적 상상력을 옹호하는 정확한 이유는 그것이 우리와 동떨어진 삶을 살아가는 타인의 좋음에 관심을 갖도록 요청하는 윤리적 태도의 필수적인 요소로 보이기 때문이다. 그러한 윤리적 입장은 원칙 정립과 형식적인 의사결정과정에서 중요한 역할을 할 것이다.[4]

이 책에서 누스바움은 문학적 상상력과 사회정의에 대한 공적 추론의 관련성을 밝히고자 시도한다. 합리적인 공적 추론에서 문학적 상상력을 가진 인문학의 역할과 기능을 분명하게 드러내고자 하는 학문적 의욕이 잘 나타나고 있다. 다시 말해 문학적 상상력으로 공적 추론에 일정한 기여를 제공하겠다는 것이다. 그러나 누스바움의 ≪시적 정의≫는 그 논의가 일정한 선에서 머무르고 있다.

법문학의 차원에서 문학적 · 시적 정의가 법적 정의에 제공할 수 있는 도움이라는 겸손한 미덕이 돋보이기는 하지만, 누스바움의 논의는 이성적 · 도덕적 사회로부터 심미적 사회로의 전환이라는 현대적 상황에 어울리는 결정적인 심미적 · 미학적 정의론의 전개 가능성을 적극적으로 제시하고 있지는 못하다. 문학을 통해 법의 형식적 의사결정을 보완하겠다는 이야기는 이미 흔한 내용이 아닌가? 좀 더 체계적인 미학적 정의의 논의 가능성을 어디에서 찾을 수 있는가?

미학적 정의론의 이론적 기초

≪법미학≫을 펴낸 이상돈은 그의 책에서 '미학적 정의'를 주장한 일이 있다. 그 후 다시 그 내용을 요약하고 구성을 새롭게 하여 ≪기초법학≫에서 '아름다움과 법적 정의'의 문제를 다루고 있다. 이 글은 아직은 논리적이고 체계적인 측면에서 억지스러운 점이 남아 있지만, 그럼에도 불구하고 새로운 시도라는 점에서는 높이 평가할 만하다. 그 기본적인 입장은 '법미학이 법적 정의의 포스트모던적 지평을 여는 중심적 역할을 수행할' 것이라는 점이다. 미학적 관점이 기존의 이성적이고 도덕적인 법 논의에 새로운 지평을 열어 줄 것이라는 점은 부인하기 쉽지 않다. 그렇지만 어떤 내용을 통해 그 새로운 지평을 열 것인지, 그 이론적 기초가 무엇인지 좀 더 면밀하게 다듬지 않으면 안 된다.

이상돈은 '아름다움과 법적 정의와의 관계'에서 설정하고 있는 이론적 전제조건들로서 '놀이로서의 법'과 '에로스로서의 법'을 제시하고 있다. 매우 낯설고 더 많은 이해를 요구하는 개념들을 사용하고 있어 난해한 부분이 없지 않지만,

그의 말에 귀를 기울여 보자.

> 놀이로 이해된 법이 추구하고 실현하려는 정의는 단지 도덕적인 또는 윤리적인 것에 머무를 수 없다.[5]

이렇게 그는 법을 '아름다움과의 놀이'로서 규정한다. 이어서 '에로스로서의 법'에 대한 설명을 다음과 같이 한다.

> 이때 주목할 점은 아름다움이란 주관적으로 체험되는 현상이지 논리적으로 형성되는 이치가 아니라는 점이다. 물론 이성적이고 옳고 그름이나 윤리적이고 좋고 나쁨에도 주관적인 측면이 있고, 그래서 그 판단의 결과도 사람마다 상이할 수는 있지만, 그 판단의 내용은 적어도 논리적 구성물로 만들어질 수가 있다. 그러나 아름다움은 그 판단의 결과만을 논리적으로 비평할 수 있을 뿐이다. 아름다움은 논리적으로 판단되는 것이 아니라 감성적으로 체험될 뿐이다. 이 체험의 핵은 바로 에로스이다. 그러므로 아름다움과의 놀이로서 법도 곧 에로스적인 것이 된다.[6]

도대체 무슨 소리를 하는 것일까? 뜬금없이 에로스적인 법이라니? 논의의 전개가 이 정도에 이르게 되면 인내심을 갖고 그 맥락을 따라가기가 쉽지 않다. 그래도 우리는 그의 말을 끝까지 더 경청하기로 하자.

> 법이 에로스적이라는 것은 로고스적인 법의 한계를 응시하고, 보완해 주는

관점이 되기도 한다. 로고스적인 법의 한계는 예컨대 법이 칸트처럼 실천이성의 제도화로 이해됨으로써 욕망이 법의 세계에서 추방당한 데에 있다. 칸트의 순수이성은 욕망에 대한 관심 자체를 일체 배제시킴으로써 성립되며, 심지어 이성을 향한 욕망도 배제한다. 로고스적인 법의 한계는 언어에서 비롯된다. 언어는 욕망에 기초한 진실을 정확하게 반영할 수 없기 때문이다. 그렇기에 법은 언어로 형성되자마자 곧 자기부정을 해야만 하게 된다. 다시 말해 법은 법으로 태어나는 순간 이미 자기로부터 소외된 존재이다. 그처럼 끊임없이 자기부정되어야 하는 존재로서의 법이 놀이이고, 놀이의 규칙성이 설령 이성의 전통에서 물려받는 측면이 있다고 할지라도, 법은 언제나 이성과 감성의 혼합체가 될 필요가 있다. 법이 에로스라고 하는 것은 이것을 가능케 하는 인식론적 토대가 된다. 아름다움의 체험은 많은 경우에 이성적인 옳고 그름, 그리고 윤리적인 좋고 나쁨과 거리를 두는 과정에서 일어난다.[7]

전통적으로 법학에서의 정의는 체계성, 논리성, 합리성, 이성성의 영역에서 찾아지고 논의되어 왔다. 정의는 흔히 이성적이고 도덕적인 것으로서 생각되어 아름다움과는 무관한 것으로 이해된다. 그러나 정의가 인간의 삶을 가치 있게 하는 것과 관련되는 이념이라면, 아름다움에 대한 논의도 정의에 어떻게든 영향을 미칠 수밖에 없다. 이상돈은 아름다움의 체험이 많은 경우 이성적인 옳고 그름, 그리고 윤리적인 좋고 나쁨과 거리를 두면서 로고스적인 법의 한계를 응시하고 보완해 주는 인식론적 토대를 이룰 수 있다고 한다. 이것이 성공적으로 이루어진다면 미학적 정의에 관한 논의는 누스바움의 문학적 · 시적 정의를 넘어서는 가능성을 제시할 수 있을 것이다. 그렇게 되면 이상돈의 연구는 누스바움과 같이 단순히 합리적 법 논의에 대한 보완적 의미를 갖는 것이 아니라 좀 더 근원적이고 비판적인 차원의 심미적 정의의 가능성을 찾고자 시도하는 보기 드문 연구로 평가할 수 있을 것이다. 그러나 현재의 미학적 정의에 대한 논의에서 종래의 정의를 둘러싼 논의의 한계를 분명히 드러내고 이를 새롭게 재구성할 수 있는 심미적 정의의 가능성을 여는 이론적 장치가 충분히 마련되었는가 하는 물음을 제기한다면, 아직은 쉽게 긍정하기가 어려울 것 같다.

법감정과 미학적 정의의 의미

미학적 정의론에 대한 연구에서 하나의 새로운 가능성을 제시해 줄 수 있는 것으로 보이는 영역은 '법감정'에 대한 논의이다. 법감정은 아름다움을 법 또는 정의로 변환시킬 수 있게 해 준다. 아름다움과 법, 감성과 이성, 주관과 객관, 체험과 사유의 두 세계에 존재하는 데이터의 의미를 일치시켜 정보를 교환하게 만드는 규칙 또는 프로토콜을 통해, 심미적 체험은 미와 추의 이원적 판단의 코드로 표현될 수 있고, 역으로 법도 아름다움으로 디코딩될 수도 있다. 예컨대 쇠고기를 먹기 위해 잔인한 방법으로 사육하고 도축하는 행위에 대해 제기되는 윤리적 논쟁은 동물의 권리에 대한 인정 여부에도 영향을 미친다. 법제도를 통해 그런 윤리적 요청을 강제하는 일이 이루어지면, 이전에 잔인한 방식의 사육과 도축을 그렇게 추한 일로 느끼지 않았던 사람들도 이것을 점차 추한 일로 체험할 수 있다. 이렇게 진선미의 가치, 즉 옳고 그름, 좋고 나쁨, 아름다움과 추함은 일방적인 영향관계에 있는 것이 아니라, 상호작용적이며 순환적인 관계 속에 있으며, 그 속에서 또한 법적 정의가 구성됨을 알 수 있다.

이와 같이 미학적 정의론은 포스트모던 시대에 법적 정의의 새로운 차원을 구성할 수 있다. 법이 아무리 이성적으로 옳고 윤리적으로 좋은 것들로만 채워질지라도, 현대사회에서 정의가 일의적으로 파악할 수 있을 정도로 단일하기는 어렵기 때문이다. 이는 현대사회의 복잡성과 가치다원성에서 비롯되는 현상이다. 과학과 기술에 의해 현실이 관리되는 오늘날의 과학기술사회에서는 과학과 기술의 성장과 발전에 비례하여 정의에 관한 판단기준이 무한대로 세분화되지만, 이성법적 정의는 그러한 세분화를 언제나 충분하게 달성할 수 없다. 다시 말해 이성법이 해소하지 못하는 복잡성이 언제나 존재한다. 또 정의를 판단하는 기준을 결정하는 요소들을 선별하는 관점이 점차 더 다원화되어 가는데, 이는 문화적으로 세계관과 가치관의 다원화에서, 또 과학적으로 각각의 가치관을 뒷받침할 수 있는 이론과 지식의 다원적 성장에서 비롯된다. 이성은 그렇게 다원화된 정의의 관점을 모두 포괄할 수 없다. 이러한 한계로 인해 현대사회에서 법적 정의와 다양한 합리성 사이에는 언제나 괴리와 충돌이 생길 수밖에 없다. 예를 들면 '생명을 절대적으로 보호하라'는 법적 정의의 요청과 '아직 생존확률이 제로에 이르지 않은 환자에 대해 치료를 중단'하는 의학적 합리성은 서로 충돌한다. 법에서 심미적 차원은 이와 같은 현대사회에서의 정의의 불확실성이나 법적 정의와 사회적 합리성 사이의 괴리를 메워 주는 기능을 수행할 수 있을 것이다.

욕망, 몸의 증상 그리고 치유
— 라캉의 관점에서 본 프리다 칼로의 삶

현대인의 소외된 몸의 욕망에 대한 제자리를 잡기 위해 우리 삶에서 진정한 치유의 모습을 모색해 보는 것은 중요한 의미가 있다. 자크 라캉은 증상을 개인심리학과 사회심리학의 경계에서 주체적 고유성에 도달하는 과정이자 계기로 본다. 즉 현대인이 자신을 고통 속으로 몰아넣었던 증상을 통해 대타자의 소외적 요소를 극복하는 '증상을 통한 증상의 극복'이 가능함을 피력한다. 이러한 라캉의 관점을 토대로 프리다 칼로의 삶과 작품을 해석해 보고자 한다. 이 작업은 현대인이 소외된 몸의 욕망에서 벗어나 자기 욕망에 대한 제자리 잡기를 통해 증상의 극복은 물론, 윤리로 향하는 진정한 치유의 모습을 발견하는 과정이 된다.

이수진

현대인의 증상에 대한 궁극적 치유의 모색

국내 사회에서 인간의 욕망이 몸의 욕망으로 드러남을 자주 발견할 수 있다. 현대인은 신체적 자기에서 비롯된 정체감을 통해 세상을 만난다. 몸의 조건이 스펙이 된 현대사회와 문화 현상은 이를 잘 반영한다.

히스테리의 고전적인 사례인 안나 오Anna O로 소급하지 않더라도, 억압된 무의식을 신체 증상으로 드러내는 히스테리자는 일상생활이나 정신분석

임상 장면에서 자주 발견된다. 히스테리는 자신의 욕망을 지연시키는 전략으로 충족되지 않는 욕망 상태를 선택하는데, 이는 타자가 아닌 타자의 욕망 자체를 자신의 욕망 대상으로 삼음으로써 욕망의 변증법을 지속시키기 위함이다. 이처럼 히스테리자는 욕망을 지연시키면서 환상을 통해 향유 모색을 위한 반복을 하지만, 욕망의 순환 경로에서 벗어나 주이상스Jouissance에 도달하지 못하는 한계를 갖는다. 히스테리자가 대타자의 결여를 통해 욕망의 진실을 보여주는 전복적인 주체[1]이지만, 궁극적으로 환상을 넘어서는 주체가 되지는 못한다. 여기서 환상은 히스테리를 포함하는 신경증자에게 욕망을 조율하는 한계인 동시에, 욕망을 무한한 연쇄 속에서 지속시키는 미끼로 작용한다. 이로써 신경증자의 자기에 대한 궁극적인 진실 탐구를 위해서는 환상을 넘어서는 환상의 횡단이 요구된다. 환상의 횡단은 동일시와 금기로 얼룩져 있는 욕망에 대한 환상을 재구성하는 것이다. 욕망의 기원에 자리 잡고 있는 욕망의 실재, 즉 절대적 만족의 불가능성에 도달하는 것이다.[2]

브루스 핑크Bruce Fink는 자크 라캉Jacques Lacan을 참조해 주체화를 구성하는 세 가지 계기를 소외, 분리, 환상의 횡단으로 기술한다. 소외, 분리, 환상의 횡단은 정신분석에서 임상 구조를 이해하는 점진적 과정으로 핑크가 ≪라캉과 정신의학*A Clinical Introduction to Lacanian Psychoanalysis: Theory and Technique*≫에서 기록한 내용을 옮기면 다음과 같다.

정신병 ⇒ 소외 ⇒ **도착증** ⇒ 분리 ⇒ **신경증** ⇒ 환상의 횡단 ⇒ **신경증을 넘어서**

위와 같이 정신병과 도착증의 차이는 소외이고, 도착증과 신경증의 차이는 분리이다. 주체화의 과정에서 소외가 일어나지 않으면 정신병이 되고, 소외는 일어나되 분리가 일어나지 않으면 도착증이 된다. 또한 분리가 일어나되 환상을 넘어서지 못하면 신경증이 된다. 환상을 넘어섬으로써 주체는 거세의 저편으로, 신경증의 저편으로 인도될 수 있다.[3]

이처럼 라캉의 관점에서 인간의 자기 욕망에 대한 궁극적인 자리이자, 분석의 끝은 자신의 '진실 탐구'에 있다. 라캉은 자아의 강화, 현실에의 적응, 행복 등의 자아심리학의 치료 목표의 한계를 넘어설 것을 제안한다. 라캉의 관점에서 분석의 종결은 증상이 사라지는 것이 아니며, 증상을 치유하는 것도 아니다. 왜냐하면 분석은 치료 과정이 아닌 진실 탐구의 과정이기 때문이다.[4] 이러한 라캉에 근거하여 현대사회에서 좀 더 궁극적인 치료 목표를 궁구하는 노력은 의미 있는 작업이 될 것이다.

라캉의 정신분석은 철학 · 언어학 · 인류학 이론을 바탕으로 프로이트의 정신분석을 재해석함으로써 정신분석학을 새로운 학문적 위치로 격상시키는 데 그 의의가 있다. 뿐만 아니라 '주체이론'으로 표명되는 그의 이론은 현대인의 주체적 삶을 촉구한다. 본 글은 라캉의 관점으로 현대사회에서 진정한 치유의 모습을 모색해 보는 작업의 일환이다. 그 과정적 방법으로 프리다 칼로Frida Kahlo(1907. 7. 6.~1954. 7. 13.)의 예술 작품을 차용한다. 프리다는 20세기 멕시코를 대표하는 여류 화가로서 외부로는 멕시코의 현대사와, 내부로는 자신의 신체적 · 정신적 증상의 고통을 동시에 드러냄으로써 사랑, 고통, 열정, 허무가 응축된 작품을 창조한다. 이러한 예술 작업은 그녀의 삶의 고통과 한계를 극복하는 과정이 된다. 이에 현대인의 욕망, 몸과 관련한 소외된 욕망에서 진정한 치유의 모습을 모색하기 위해 라캉의 관점에 근거하여 프리다의 작품과 삶을 해석해 보고자 한다.

본 글은 구체적으로 세 가지의 중심축으로 구성된다. 프리다의 작품을 라캉의 욕망, 증상과의 동일화, 윤리 개념에 근거하여 해석함으로써 첫째, 몸의 증상과 욕망, 둘째, 증상과 동일화로서의 치유, 셋째, 자신에 대한 진실 탐구와 윤리로 논의를 전개한다. 이 글은 협의로는 프리다를 통해 라캉 정신분석의 주체적 삶에 대한 구체적인 사례를 소개하는 작업이 될 것이다. 광의로는 소외된 욕망으로부터 비롯된 증상에 대해 진정한 치유의 모습을 모색하는 작업이 될 것이다.

몸의 증상과 욕망

"자아는 무엇보다도 먼저 신체적 자아이다. 그것은 표면적 실체일 뿐만 아니라 그 자체로 표면의 투영이다."[5]

지그문트 프로이트Sigmund Freud는 1923년 ≪자아와 이드*The Ego and the Id*≫에서 인간의 신체, 그리고 자기 인식인 자아에 대해 위와 같이 기록한다. 그는 이 저작에서 인간의 신체를 외부적 인식과 내부적 인식이 생기는 장소로 일컫는다. 또한 정신 생리학이 인간의 신체가 인식 세계 내 다른 대상들과의 사이에서 어떻게 특별한 위치를 차지하게 되는지 검토해 왔음을 기록한다. 증상의 고통은 이 과정에서 어떤 역할을 하는 것으로 보이는데, 인간은 "고통스러운 증상을 겪는 동안 우리 기관에 대한 새로운 인식을 얻게 된다."[6]는 것이다. 그는 이 방법이 우리 몸에 대한 사고를 받아들일 수 있는 전형적 모델이 될 수 있음을 언급한다. 프로이트의 가설에 우리가 동의할 수 있다면, 인간의 증상은 자신의 몸에 대한, 본질적으로 자신에 대한 새로운 인식을 얻을 수 있는 중요한 계기가 된다.

그렇다면 증상이 발생되는 과정을 추적할 필요가 있는데, 여기서 특기할 점은 증상의 중층 결정성이다. '중층 결정Überdeterminierung, overdetermination'[7] 혹은 다원 결정으로 번역되는 이 용어는 무의식의 형성물인 증상이나 꿈 등의 결정 요인이 복수라는 사실을 가리킨다. 이 용어는 상세하게 두 가지 의미로 이해된다. 첫째, '무의식의 형성물은 여러 원인의 결과'라는 의미이다. 둘째, '무의식의 형성물은 여러 가지 무의식적인 요소와 관련되어 있다'는 의미이다. 이에 증상은 그 개인의 여러 가지 무의식적인 요소와 관련되어 있고, 여러 원인의 결과에 의해 중층 결정되는 무의식의 형성물이다.

장 라플랑슈Jean Laplanche와 장 베르트랑 퐁탈리스Jean-Bertrand Pontalis는 ≪정신분석사전*Vocabulaire de la psychanalyse*≫에서 증상을 발생시키는 욕망에 대해 다음과 같이 기록한다. 그들은 프로이트의 역학적 개념에서 방어 갈등의 양극 중 하나를 욕망으로 본다. 또한 "무의식적 욕망은 쾌락 원칙에 따라 복원시키면서 실현되는 경향이 있다. 정신분석은 꿈을 모델로 하여 욕망이 어떻게 증상이라는 타협의 형태로 나타나는가를 보여준다."[8]고 기록한다. 이처럼 프로이트의 '소원' 그리고 라캉의 '욕망'은 주체에 따라 꿈, 환상, 증상 등의 여러 타협 형성물로 발현된다. 따라서 몸의 증상은 중층 결정되는 타협 형성물이며, 증상을 발생시키는 원인으로 인간의 욕망을 생각할 수 있다.

라캉의 욕망의 개념을 좀 더 살펴보자. 라캉은 엄밀히 욕구, 요구, 욕망을 구분한다.[9] 욕구besion, need는 생물학적이고 본능적인 필요성을 말하는 것으로 대상 의존적이다. 요구demande, demand는 욕구를 언어화해서 타자에게 전달하고 표현하는 양태를 말한다. 요구는 욕구를 언어화하는 측면에서 타자의 전제나 개입을 반드시 필요로 한다. 라캉은 "욕구와 요구의 분열"[10]로서 양자에 대한 관계를 설명한다. 신체로부터 기원된 욕구는 상징계의 언어적 법칙에 따라 요구로 전환되는 가운데 주체의 존재 결여와 타자의 한계로 인해 배제되거나 어긋나는 틈이 생긴다. 이러한 욕구와 요구의 분열에서 인간의 욕망이 발생한다. 욕망désir, desire은 상징계의 언어적 본성에서 비롯되는데, 요구가 타자에 대한 무조건적 인정이나 사랑을 추구하는 점에서 인간의 욕망은 대타자의 욕망이다. 라캉의 "인간의 욕망은 대타자의 욕망이다."[11]는 대표적인 명제는 구체적으로 두 가지 의미로 해석된다. 한 가지는 '인간의 욕망은 타자의 욕망 속에서 형성된다'는 의미와, 다른 한 가지는 '인간은 타자의 욕망의 대상이 되기를 원한다'는 의미이다. 즉 인간은 타자의 욕망 속에서 형성된 그 무엇을 욕망하고, 인간은 타자의 욕망의 대상이 되기를 끊임없이 바란다. 이러한 소외된 욕망이 증상을 발생시킨다.

우리가 주목할 사항은 욕망이 자신의 욕망의 원인인 대상 a에 의해 한계 지어져 있는 측면이다. 욕망의 원인은 욕망 자체를 추동하는 것이지만, 그럼에도 욕망의 질서로 환원되지 않는다는 점에서 불순한 것이다. 환상은 이러한 이질성을 상징적 틀과 양립 가능한 것으로 만든다. 주체가 자신의 욕망의 원인을 오인하는 한, 주체는 타자의 욕망을 혼동할 수밖에 없으며, 결국 주체는 타자의 욕망에 의거해 욕망할 수밖에 없게 된다. 이 과정에서 환상은 욕망을 조율하는 한계인 동시에 욕망을 무한한 연쇄 속에서 지속시키는 미끼로 작용한다.[12]

이상의 논의에서 인간의 욕망은 타자의 욕망 속에서 형성되고, 타자의 욕망의 대상이 되기를 바라는 소외된 욕망임을 발견하였다. 또한 소외된 욕망은 필연적으로 증상을 발생시킬 수밖에 없는데, 그 과정에서 환상이 욕망을 지속시키는 미끼로 작용함으로써 증상이 욕망에서 비롯되어 환상으로 나타남을 유추할 수 있다. 이러한 논의를 프리다의 작품을 통해 살펴보면 다음과 같다.

프리다 칼로Frida Kahlo, 〈물이 내게 준 것〉(캔버스에 유채, 91×70.5cm), 1938.

프리다는 이 작품에 대해 다음과 같이 기록한다. "앙드레 브르통André Breton이 나더러 초현실주의자라고 하기 전까지는 내가 초현실주의자라고 생각지 못했다. 내가 아는 것은 단지 나는 그릴 수밖에 없기 때문에 그림을 그린다는 것, 다른 의도 없이 그저 머리에 떠오르는 것을 그릴 뿐이라는 것이다." [13] 이 작품은 프리다의 여러 신체적 · 정신적 증상들이 그녀의 무의식적 요소와 관련되어 있고, 인종 · 문화 · 이념 · 신체 · 성 · 모성적 문제 등의 여러 원인의 결과에 의해 중층 결정되는 무의식의 형성물임을 보여준다. 또한 작품에 나타난 환상적 이미지는 그녀의 증상이 소외된 욕망에서 비롯되어 환상으로 드러남을 유추하게 한다.

프리다의 1938년 작 〈물이 내게 준 것〉은 그녀가 다양한 요소들을 물과 함께 표현하여 자신 인생의 여러 가지 사건들을 조명한 작품이다. 프리다의 척추성 소아마비로 불구가 된 오른쪽 발의 방향으로 펼쳐진 묘사를 보면, 멕시코 혼종인으로서 자신과 부모의 관계, 무너진 신체로 평생 활화산처럼 힘든 상황을 안고 산 그녀의 삶이 보인다. 반면 왼쪽 발의 방향은 디에고 리베라Diego Rivera(1886. 12. 8.~1957. 11. 24.)와 연관된 사건들, 유산과 낙태 등의 힘든 상황들로 보인다. 이 작품에서 물은 모든 생명의 근원을 알리는 메시지로, 프리다 자신이 온갖 역경 가운데서도 지켜온 강인한 생명력을 상징한다. 프리다에게 세상은 그렇게 희망과 좌절을 반복적으로 주는 곳이다.[14] 이 작품에서 프리다에게 가장 치명적인 사건은 오른쪽 발의 상처이나, 그 이후로도 이어진 여러 신체적 · 정신적 증상들을 목도하며 극복하고자 하는 그녀의 의지가 환상적으로 작품에 잘 표현되어 있다.

또한 이 작품은 프리다의 몸의 증상의 중층 결정성을 드러내는 작품으로 이해할 수 있다. 그녀의 삶은 6세 때의 척추성 소아마비, 18세 때 하굣길 버스와 전차 충돌 사고, 세 번의 임신과 유산, 27세 때의 오른쪽 다리 수술, 남편 디에고의 여성 편력으로 인한 이혼과 재결합, 37세 때 척추 교정용 코르셋 착용, 47세의 폐렴으로 사망에 이르기까지 여러 신체적 · 정신적 증상들로 점철된다. 그녀의 신체적 · 정신적 증상들은 여러 가지 무의식적인 요소와 관련되어 있고, 인종 · 문화 · 이념 · 신체 · 성 · 모성적 문제[15] 등의 여러 원인의 결과에 의해 중층 결정되는 무의식의 형성물이다. 이러한 프리다의 증상 발생 원인으로 그녀의 소외된 욕망을 유추할 수 있다.

1943년 작 〈나의 마음속의 디에고〉는 프리다가 세상 앞에서, 혹은 디에고 앞에서 하나의 흐트러짐 없이 자신을 완벽하게 가꾸고 싶어 하는 그녀의

프리다 칼로Frida Kahlo, 〈나의 마음속의 디에고〉(캔버스에 유채, 76×61cm), 1943.

이 작품은 디에고의 사랑에 대한 프리다의 소외된 욕망을 대표적으로 드러낸다. 그녀가 입은 테우안테펙은 디에고의 사랑을 받았던 상징적 의상이다. 그러나 궁극적으로 테우안테펙은 디에고와의 사랑이 완전할 수 없음을 드러내는 틈이자, 그만큼 더욱 디에고의 사랑을 갈망하게 하는 환상처럼 기능한다. 이즈음 쓴 일기에서 반영된 프리다의 통찰, 즉 디에고를 한 존재로서 인정하고 그와의 사이에서 소외된 욕망으로부터 거리두기가 가능하게 된 프리다의 통찰은 욕망에 대한 제자리 잡기의 시작이 된다.

욕망을 나타낸 작품이다. 이 작품에서 프리다가 입은 테우안테펙의 전통 의상은 그녀가 디에고의 사랑을 바라고 동시에 세상에 나가기 위해 무장하는 투구와 같다. 이 자화상은 디에고와 재결합 후, 그를 사랑하는 프리다의 마음을 그대로 반영한 작품이다.[16] 이즈음 쓴 일기에서 프리다는 디에고에 대한 사랑을 기록한다. 이 글에서 그녀의 욕망이 발견된다.

모든 것의 시작인 디에고
건설자, 디에고
나의 아이, 디에고
나의 약혼자, 디에고
화가, 디에고
나의 남편, 디에고
나의 친구, 디에고
나의 어머니, 디에고
나의 아버지, 디에고
나의 아들, 디에고
나, 디에고
우주, 디에고
합일 속의 다양성
그런데 왜 나는 나의 디에고라고 하는 걸까?
그는 결코 내 것이 될 수 없을 것이다. 오직 그 자신에 속할 뿐이다.[17]

프리다의 1943년의 작품과 그 즈음의 일기에서 그녀의 소외된 욕망을 볼 수 있다. 그녀는 디에고와의 결혼 생활 중에서나 이혼 시기, 이혼 후에도 끊임없이 디에고의 욕망의 대상이 되기를 바란다. 그녀가 즐겨 입던 테우안테펙은 디에고의 사랑을 받는 상징적 의상이다. 여기에서 테우안테펙은 궁극적으로 디에고와의 사랑이 완전할 수 없음을 드러내는 틈이자, 그런 만큼 더욱 디에고의 사랑을 갈망하게 하는 환상처럼 기능한다. 마치 프리다가 테우안테펙을 입는 순간 디에고의 완전한 사랑을 받는 것과 같은 …. 테우안테펙은 프리다의 욕망을 조율하는 한계인 동시에 욕망을 무한한 연쇄 속에서 지속시키는 미끼처럼 작용한다.

이처럼 프리다의 삶의 중심에는 언제나 디에고가 자리하고 있었다. 이를 반영하듯 그녀의 일기에서 디에고는 남편이자, 아이이고, 친구이며, 부모가 된다. 또한 디에고는 프리다 자신이자 우주가 된다. 프리다의 전부처럼 여겨지는 디에고는 궁극적으로는 프리다에게 증상을 발생시키는 소외된 대타자가 된다. 결혼 생활 동안 프리다가 경험한 외로움과 우울 등의 고통과 증상은 이를 잘 반영한다. 프리다의 욕망에 대한 통찰은 '그런데 왜 나는 나의 디에고라고 하는 걸까?'에서 비롯된다. 이 시기 프리다는 디에고가 결코 자신의 것이 될 수 없음을 인정하고 오직 그 자신에게 속할 뿐임을 깨닫는다. 이로써 프리다는 대타자(디에고)와의 사이에서 소외된 욕망으로부터 거리두기가 가능하게 된다. 이처럼 프리다의 욕망에 대한 제자리 잡기의 시작은 증상의 의미를 마주하는 지점에서 더 나아가, 증상을 극복하는 증상과의 동일화로서 궁극적인 치유의 모습을 발견하게 한다.

증상과 동일화로서의 치유

삶에서 우리는 존재 결여로 끊임없는 욕망 가운데 있다. 소외된 욕망으로부터 비롯된 증상은 자기 욕망과의 관계가 정립될 때에야 비로소 증상을 통한 증상의 극복이 가능하다.

라캉의 증상 개념은 신경증적 증상이 무의식의 형성물이고, 갈등하는 두 욕망 사이의 타협이라는 프로이트의 의견을 따른다. 라캉의 견해는 신경증적 증상을 언어학적 개념으로 이해하는 데 독창성이 있다. 라캉은 1953년 증상을 '기표'로 간주한다. 즉 증상이 주체의 독특한 역사의 산물로서 보편적인 의미가 없음을 피력한다. 그는 1955년에는 증상을 '의미작용'과 동일시하고, 1957년에는 증상을 '은유'로 묘사한다. 1957~1958년 세미나에서는 욕망의 그래프를 통해 증상을 '실재로부터 나오는 불명료한 메시지'로 기록한다.[18] 라캉은 1962년 이후에는 증상에 대한 언어학적 개념을 벗어나 해석이 불가능한 순수 향유로 보며, 1975~1976년 ≪세미나 23권: 증환*Le sinthome*≫에서 그 설명은 절정을 이룬다. 1975년 당시 라캉은 보로메오 매듭을 유지하는 네 번째 고리로서 증환을 설명하는 가운데, 상징계를 증상(Σ)과 상징symbole으로 구분한다. 그는 증상과 상징의 결합을 상징계의 새로운 정의로 제시하면서(Σ+S=상징계), 증상이 실재적이라는 사실을 강조한다. 또한 증상이 상징계의 부분이라는 점, 즉 증상은 상징계와 관계를 맺고 있는 점을 보여준다.[19] 이러한 설명은 ≪세미나 22권: 실재, 상징계, 상상계*R. S. I.*≫에서도 발견되는데, 세미나의 전반부에서 라캉은 증상을 '실재 속의 상징계의 효과'[20]로 정의하고, 후반부에서는 명명 개념을 도입하면서 증상을 '상징적 명명'[21]으로 설명한다. 이처럼 라캉의 증상 설명에서 상징계와 실재의 관련성이 지속되는데, 그에 따르면 인간은 정신적 나약함을 갖고 있기 때문에 증상 없는 순수한 정신의 상태를 유지하기가 불가능하며, 따라서 네 번째 고리인 증환을 필요로 하게 된다. 즉 라캉은 주체를 고통스럽게 만드는 증상symptôme이 상당 부분 해소되어야 하고 또 실제로 해소되는 데 비해, 궁극적으로 완전히 해소될 수 없는 증상이 있다고 주장하며, 이를 네 개의 고리를 갖는 보로메오 매듭[22]과 연결하여 증상의 새로운 개념인 증환을 상정한다.

라캉이 후기에 도입한 증환sinthome은 비동일성 자체, 즉 순수 차이에 다름 아니므로, 증상은 순수 차이를 경유한 관계, 즉 '비관계의 관계'[23]의 의미로 이해해야 한다. 따라서 증상, 엄밀한 의미에서 증환의 기능은 '상징계, 상상계, 실재를 재결합시키는 것'[24]과 연결된다. 증상은 가장 실재적인 것이지만 그것은 이미 문자, 기호인 한에서 상징계와 결합되어 있다. 증상은 자폐적 향유가 아닌 상징계와 접하고 있는 향유로서 고독한 것인 동시에 사회적 결합의 한 형태이며, 그러한 측면에서 욕망의 차원을 포함한다.

라캉의 분석의 목적인 '증상과의 동일화'는 엄밀히 증환과의 동일화로서 주체가 대타자의 지식으로부터 벗어나 주체적 고유성에 도달하는 과정이고, 동시에 '상징계의 질서에 구멍을 내는 사회적 행위'[25]이기도 하다. 라캉은 증환 개념과 분석의 끝에서 도달하는 증상과의 동일화, 즉 주체의 증상을 통한 증상의 극복을 통해 프로이트의 한계를 넘어선다. 동시에 증상을 통해 개인심리학과 사회심리학에 대한 혜안을 마련한다. 소위 증상을 통해 분석의 끝에서 도달해야 할 '주체적 궁핍destitution subjective'[26]은 비존재를 통한 존재 제시로 볼 수 있다. 주체적 궁핍은 개인적 소멸을 통해 존재의 무無적 본성을 드러내면서, 거기에서 상징적 질서의 재구조화를 가능하게 한다는 점에서 적극적인 행동이다. 비존재는 주체의 소멸이지만 그것은 궁극적으로 존재를 찾는 길이 된다.

이처럼 분석의 끝에서 도달하게 되는 증상과의 동일화, 즉 증상을 통한 증상의 극복을 프리다의 작품으로 이해하면 다음과 같다.

프리다의 1944년 작 〈부러진 원주〉는 프리다의 증상은 물론 증상과의 동일화를 통해 자신의 주체적 고유성에 도달한 작품으로 볼 수 있다. 그녀는 다친 척추를 이오니아식 기둥으로 묘사하고 있는데, 기둥은 심하게 부서져 있으며 정형외과용 코르셋의 내부 장치가 이를 지탱해 주고 있다. 잿빛 하늘 아래 꼿꼿이 서 있는 부서진 육체는 텅 빈 사막의 무수히 갈라진 틈 가운데에 있다. 그녀는 죽어가고 있는 모습이 아닌, 비록 눈으로는 울고 있지만 굳게 다문 입과 표정은 그녀의 강한 의지를 담고 있다.[27] 프리다는 이 작품에 대한 크로키에 "비밀스런 불안과 부러진 원주와 한계 없는 눈길과 더불어 기다리기. 광활한 길 위에서 강철에 휘감긴 목숨을 부지하며 꼼짝 않기"[28]라고 기록한다. 이와 같은 작품은 프리다가 증상을 통해 자신만의 고유성을 드러내는 것으로 보인다. 이 작품에서 평생 22회에 이르는 외과 수술의 신체적 · 정신적 고통만큼 그 고통을 마치 순교자처럼 극복해 내고 자신의 주체성을 찾아가는 프리다 고유의 삶의 의지를 확인할 수 있기 때문이다.

프리다는 47세의 인생 동안 총 143점의 예술 작품, 그 가운데 55점의 자화상 작품을 작업하면서 자신을 고통스럽게 했던 증상을 자신의 정체성을 표현하는 과정으로 삼는다. 이는 그녀가 부모나 디에고와 같은 대타자의 지식으로부터 벗어나 자신의 주체적 고유성에 도달하는 과정이 된다. 또한 그녀는 자신을 둘러싼 20세기 초 멕시코 사회의 정치 · 이념적 문제, 혼혈 가족의 인종적 문제, 자신의 신체적 문제, 디에고와의 성적 문제, 반복되는 유산의 모성적 문제 등을 예술 작업으로 승화함으로써, 자신의 주체적 고유성에 도달하는 과정이 동시에 상징계 질서에 구멍을 내는 사회적 행위가 되도록 한다.

프리다 칼로Frida Kahlo, 〈부러진 원주〉(캔버스에 유채, 40×30.5cm), 1944.

이 작품은 프리다의 증상을 나타냄과 동시에 증상과의 동일화를 통해 자신의 주체적 고유성에 도달한 작품으로 볼 수 있다. 이 작품에서 평생 22회에 걸친 외과 수술의 신체적·정신적 고통을 마치 순교자처럼 극복해 내고, 예술 작업을 통해 자신의 주체성을 찾아가는 프리다의 고유한 삶의 의지를 확인할 수 있기 때문이다.

영화 〈프리다〉(줄리 태이머 감독, 2002)의 한 장면.

이 장면은 줄리 태이머 감독의 2002년 작품, 영화 〈프리다〉의 한 장면이다. 프리다는 47세의 인생 동안 총 143점의 예술 작품, 그 가운데 55점의 자화상 작품을 그린다. 특히 자화상 작업은 그녀가 여러 증상들을 통해 자신의 정체성을 찾아가는 과정이 된다. 프리다의 예술 작업을 통한 승화는 그녀 자신의 주체적 고유성에 도달하는 과정인 동시에 상징계 질서에 구멍을 내는 사회적 행위이기도 하다.

라캉은 ≪세미나 11권: 정신분석의 네 가지 근본 개념*The Seminar of Jacques Lacan Book XI: The Four Fundamental Concepts of Psychoanalysis*≫에서 소외와 분리를 통해 욕망의 역동성을 설명하는데, 나중에는 이를 '주체적 궁핍'으로 정식화한다. 주체적 궁핍이란 상상계의 정념과 상징계의 기표적 동일시를 벗어나 존재의 본래 영역인 실재의 '무로부터ex-nihilo'로 추락하는 것이다.[29] 프리다의 증상의 극복은 단순한 신체적 · 정신적 증상의 극복이라기보다는 증상을 통해 자신의 무적 본성을 드러내고, 예술 작업을 통해 자신만의 새로운 삶의 법을 스스로 구축해 내는 주체적 궁핍과 맞닿아 있다. 이는 그녀의 비존재를 통한 존재 제시, 즉 주체의 소멸을 통해 궁극적으로는 존재를 찾는 과정이 된다.

자신에 대한 진실 탐구와 윤리

자기 존재에 대한 '진실 탐구'[30]를 분석의 목표로 두는 라캉은 현대사회와 정신분석 치료에 중요한 가르침을 준다. 존재에 대한 진실 탐구는 '욕망의 주체'로부터 '욕망하는 주체'로 향하는 것과 관련된다. 욕망하는 주체는 타자의 욕망 속에서 형성되고 타자의 욕망의 대상이 되기를 바라는 모습으로부터 자기 욕망을 마주하고 그 욕망에 대한 제자리를 찾기 위해 부단히 노력해 가는 주체이다. 이는 욕망의 대상-원인, 즉 자기 결여를 감추어 욕망을 끊임없이 지속시키는 기능을 하는 대상 a에 대한 거리를 둠과 동시에, 대상 a에 대한 미적 거리美的距離를 찾는 과정이다. 라캉의 욕망의 변증법에서 욕망의 추동 역할을 하는 것이 환상 도식이다. 주체는 대타자의 결여 속에 환상 대상 a를 놓고 환상을 통해 거세를 견디고자 한다. 대타자의 결여는 한편으로 욕망의 원인이 되면서 동시에 대상이 되는데 그것을 보여주는 것이 환상 대상 a이다. 대상 a의 주된 기능은 결여를 감추어 욕망을 지속시키는 것이다.[31] 이러한 대상 a와 관련하여, 자기 욕망과 연결된 틈, 공백, 결여 등을 삶의 가능성의 조건으로 만들어 나갈 때 진정한 치유가 가능하다.

이를 정신분석의 윤리와 연결할 수 있다. 라캉의 정신분석의 윤리는 전통적 윤리학에서 말하는 윤리가 아닌, 주체가 욕망을 중심에 두고 그에 충실한 순수 행위와 의지를 갖는 것을 말한다.[32] 라캉의 윤리는 1959~1960년의 ≪세미나 7권: 정신분석의 윤리 *The Seminar of Jacques Lacan Book VII: The Ethics of Psychoanalysis*≫의 중심 주제이다. 그는 이 저작에서 아리스토텔레스와 칸트를 인용해 정신분석의 윤리에 대해 설명한다. 구체적으로 라캉은 아리스토텔레스의 행복론에 대한 목적론적 윤리학을 비판한 데 비해, 칸트의 선의지에 의한 의무론적 윤리학을 사상적 배경으로 삼는다. 라캉이 칸트로부터 참조한 것은 쾌락의 대상들이라고 간주되어 온 모든 것을 하나씩 척출함으로써 보편성의 윤리에 도달하고자 하는, 즉 대상의 자리를 비워 놓는 것이다.[33] 이에 대한 맹정현의 주해는 다음과 같다.

> 칸트의 윤리는 쾌락을 산출할 수 있는 물리적 대상들을 척출함으로써 얻어낸 빈자리("물자체")에 윤리의 중핵을 위치시킨다는 점에서 쾌락 원칙을 넘어서며, 또 선의 표상들이 아닌 표상들의 부재에 근거한다는 점에서 쾌락과 결착된 표상의 질서인 자아 이상(상징적 이상)과 이상적 자아(상상적 거울상)를 넘어선다. 이른바 상상적 이미지도 아니고 상징적 시니피앙도 아닌 불가능성, 즉 실재 속에 윤리를 정초하는 것이다. 〔…〕 실천이성의 주체는 정념적 주체로부터 추출된 순수 주체이다. 이러한 추출을 가능하게 하는 작인은 무엇인가?

그것은 바로 주체 자신이다. 윤리의 보편성이 가능하다면, 그것은 상상적 거울상들의 무제한적 조응이나 거대 타자의 보편적 이상에 대한 의존을 통해서가 아니라 바로 자신의 병리성을 비워내는 주체의 몸짓을 통해서이다.[34]

이처럼 칸트를 참조한 라캉의 윤리는 주체가 타자와의 관계에서 소외와 분리 이후, 환상의 횡단을 통해 도달하는 존재 결여에 대한 능동적인 자리매김이다. 또한 라캉의 윤리는 주체가 환상 속에서 대상들의 위치를 '물das Ding'[35]의 지위로 고양시키는 승화[36]와 관련된다. 물은 주체에게 언어의 대상이며 욕망의 대상이다. 또한 물은 잃어버린 대상이기도 하다. 물은 주체에게 최고선으로 나타나지만, 만약 주체가 쾌락 원칙을 위반해서 이 선善을 획득하면 이는 고통이나 악惡으로 경험된다. 주체는 본질적으로 최고선을 감당할 수 없기 때문에, 주체가 물에 다가갈 수 없는 것은 오히려 행운이 된다. 1959~1960년의 라캉의 물 개념은 1963년 이후 대상 a 개념의 기본적인 특징을 제공한다.[37]

이상과 같이, 자신에 대한 진실 탐구와 그 노력은 궁극적으로 정신분석의 윤리가 된다. 주체가 자신의 끊임없는 욕망을 목도하고 그에 충실한 순수 행위와 의지를 갖는 것이 윤리이다. 이는 주체가 삶에서 정념에 따라 행동하는 것이 아닌, 이성에 의해 스스로 부과한 욕망에 충실한 모습을 갖는 것을 말한다. 동시에 윤리는 증상과의 동일화(증상을 통한 증상의 극복)를 통해 경험할 수 있는 행위와 의지의 또 다른 이름이다. 따라서 주체와 물, 다른 말로 주체와 대상 a의 미적 거리는 욕망의 주체로부터 욕망하는 주체로의 이행, 증상과의 동일화, 그리고 정신분석적 윤리와 같은 맥락에서 이해된다.

자신에 대한 진실 탐구, 즉 윤리에 가까운 삶의 모습으로 프리다의 작품을 이해하면 다음과 같다.

프리다의 1945년 작 〈모세〉는 하나의 장면에 모든 시간과 공간을 포괄하려는 프리다의 욕구가 드러난 작품이다. 이 작품에서 모든 것은 다른 것과 연결되어 있고, 동시에 모든 것은 다른 것을 위해 싸운다. 모든 것은 전체이자 하나이다. 고뇌와 고통, 쾌락과 죽음은 존재를 위한 과정일 뿐이다. 이는 그녀의 1950년의 일기와 함께 이해할 수 있다.

> 아무도 총체적 기능의 한 역할이나 한 부분 이상은 될 수 없다. […] 우리는 수백만의 존재들(돌, 새, 별, 미생물, 옹달샘, 우리 자신까지)을 통해서 바로 우리 자신으로 나아간다. 하나가 하나로 돌아가기 위해서는 둘, 셋 등을 피할 수 없다. 그러나 여기서 하나는 총합이 아니다(총합은 때로는 신, 때로는 자유, 때로는 사랑이라 불린다). 그런 것이 아니다. 우리는 언제나 증오, 사랑, 어머니, 아이, 풀, 땅, 빛, 번개, 기타 등등의 뭇 세계의 주재자였다. 우주인 동시에 우주적 세포였다.[38]

〈모세〉는 마치 프리다 존재의 무적 본성을 드러내면서, 거기서부터 상징적 질서의 재구조화를 가능하게 하는 새로운 탄생을 상징하는 것으로 보인다. 그녀는 작품에서 자신을 삶의 주재자인 동시에 생물체를 이루는 기본 단위인 세포, 우주적 세포와 동일시한다. 즉 그녀는 세포의 단위부터 삶을 새롭게 시작함으로써 자신만의 법을 구축한다. 또한 그녀는 예술 작업으로 분열된 주체로서의 자신과 소외된 대타자는 아무도 총체적 기능의 한 역할이나 부분 이상이 될 수 없음을 목도한다.

프리다 칼로Frida Kahlo, 〈모세〉(캔버스에 유채, 61×75.6cm), 1945.

이 작품은 프리다가 그녀의 후원자인 호세 도밍고 라빈을 통해 소개 받은 프로이트의 1939년 저작 ≪모세와 유일신교: 세 편의 논문*Moses and Monotheism: Three Essays*≫을 읽고, 석 달 후에 완성한 작품이다. 그녀는 일기에서 다음과 같이 기록한다. "우리는 하나의 작동 기제 그 이상은 아니며, 혹은 총체적인 기능 일부분에 불과하다. 우리는 수많은 존재를 통해서 [⋯] 하나가 되기 위해 우리 자신을 향해 나아간다."[39] 이 작품에서 프리다는 자신과 대타자를 우주적 세포와 동일시한다. 즉 자신과 대타자가 아무도 총체적 기능의 한 역할이나 부분 이상이 될 수 없음을 목도함으로써, 존재의 무적 본성을 드러내고 거기서부터 상징적 질서의 재구조화를 가능하게 한다.

프리다 칼로Frida Kahlo, 〈우주, 지구, 나, 디에고, 그리고 솔로틀이 벌이는 사랑의 포옹〉(캔버스에 유채, 70×60.5cm), 1949.

이 작품에서 디에고를 안고 있는 프리다의 모습은 아기 예수를 안고 있는 성모처럼 피에타를 연상시킨다. 프리다는 소외된 대타자인 디에고로부터 분리되고, 삶의 대상들을 물의 지위에 올려놓는 것처럼 보인다. 즉 그녀는 궁극적으로 잃어버린 대상이 주는 존재 결여의 공허감을 예술 작업을 통해 승화시킨다. 디에고와 삶의 대상들에 대한 그녀의 위치(시선) 조정을 통해 잃어버린 대상을 환상적으로 충족시킨다. 승화는 쾌락 원리의 제약과 한계를 넘어 절대적인 실재에 속하는 불가능한 대상과 조우하려는 욕망의 절대성 때문에 발생하는데, 프리다는 불가능한 대상과 조우할 수 있는 계기를 이 작품을 통해 마련한다.

또한 프리다의 1949년 작 〈우주, 지구, 나, 디에고, 그리고 솔로틀이 벌이는 사랑의 포옹〉에서 그려진 디에고를 안고 있는 프리다는 아기 예수를 안고 있는 성모처럼 피에타를 연상시킨다. 프리다는 소외된 대타자인 디에고로부터 분리되고, 삶의 대상들을 물의 지위에 올려놓는다. 즉 프리다는 디에고와 삶의 대상들을 언어의 대상이며, 욕망의 대상, 그리고 잃어버린 대상인 물의 지위로 올려놓는다. 이로써 물의 지위에 올려진 디에고와 삶의 대상들에 대한 프리다의 태도는 변화한다. 이는 프리다가 자신의 삶인 상징계에서 발생하는 결여를 수용하는 적극적인 태도와 관련된다. 즉, 프리다는 잃어버린 대상이 주는 존재 결여의 공허감을 예술 작업을 통해 디에고와 삶의 대상들에 대한 그녀의 위치(시선) 조정을 통해 환상적으로 충족시킨다.

이 두 작품에서 예술을 통한 '무로부터의 창조'를 이루어 내는 프리다의 승화를 엿볼 수 있다. 그녀는 예술 작업을 통해 소외된 욕망의 주체가 아닌, 욕망하는 주체, 즉 순수 욕망을 향하는 주체의 모습을 보여준다. 순수 욕망은 인간이 언어적 주체로 탄생하면서 그 대가로 지불했던 자신의 죽음을 책임지고자 하는 욕망[40]을 뜻하는데, 그녀는 자신과 대타자(디에고)의 상징적 삶을 예술 작업을 통해 죽음과 새로운 탄생으로 책임지고자 한다. 이러한 그녀의 욕망은 삶에 대한 궁극적인 열정으로서 안티고네처럼 욕망의 법에 충실한 삶의 윤리를 체현하는 것이다.

> 나는 너를 사랑하지만,
> 불가해하게도
> 내가 사랑하는 것은 네 안에 있는
> 너 이상의 것 — 대상 a — 이기 때문에,
> 나는 너를 잘라낸다.[41]

라캉은 ≪세미나 11권≫에서 위와 같이 욕망의 대상-원인인 대상 a에 대한 거리두기를 나타낸다. 그는 정신분석을 과학과 동일한 위상에서 유래한 것으로 상정하는데, 그에 따르면 분석은 주체가 스스로를 욕망으로 경험하는 중심적 결여에 관여하는 것이다. 심지어 분석은 주체와 타자의 변증법 중심의 열린 간극 속에서 중간이라는 위상을 차지한다.[42] 따라서 분석 경험과 삶에서 주체가 자신을 사랑받을 만한 존재로 바라보는 지점과 주체가 자신을 대상 a에 의해 초래된 결여로서 바라보는 지점, 그러면서 주체의 시원적 분열로써 구성된 간극을 대상 a가 틀어막고 있는 지점 사이의 거리를 유지시켜야 한다.[43] 이처럼 대상 a에 대한 끊임없는 질문과 미적 거리 찾기를 프리다의 작품과 삶을 통해 살펴보았다. 그녀의 삶과 작품은 현대인으로 하여금 소외된 욕망으로부터 비롯된 몸의 증상에 대한 궁극적인 치유의 모습을 발견하게 한다.

이 글은 현대인의 증상에 대한 궁극적인 치유의 모습을 모색해 보고자 출발된 작업이다. 프리다의 삶과 작품에서 보는 것처럼, 몸의 증상은 소외된 욕망에서 출발한다. 이에 증상의 극복은 궁극적으로 증상과의 동일화를 통해서만 가능하다. 증상과의 동일화는 다름 아닌 주체가 상징계, 상상계, 실재를 재결합시키는 것으로서 비관계의 관계를 이루어 가는 것이다. 즉 자신의 주체적 궁핍을 통한 존재의 무적 본성을 드러내면서, 공백의 지점에서 상징적 질서를 재구조화하는 것이다. 이는 자신의 삶에 대한 진실 탐구이며 윤리이다. 현대인에게 정신분석은 주체와 타자의 욕망의 변증법의 열린 간극 중간에 있는 경험으로서 가치를 지닌다. 따라서 우리는 이러한 분석 경험을 자신의 삶 속에서 부단히 수행해 나가야 한다. 그것이, 그리고 그 과정이 궁극적인 치유의 모습이기 때문이다.

몸짓에 깃든 마음의 리듬

몸짓은 마음이 드러나는 그릇이요, 그릇에 담긴 물의 출렁거림이 몸짓이다. 그 출렁거림은 몸과 마음이 처한 상황에 따라 다양하게 표출된다.
이렇게 표출되는 출렁거림에는 저마다의 리듬이 있다. 이 리듬을 파헤치면 몸의 상태, 나아가서 몸이 그러하게 만든 마음의 상태를 읽어볼 수도 있는 것이다.

이건호

들어가면서

인파로 붐비는 러시아워 강남역 지하철 플랫폼, 맞은편에서 승객들이 쏟아져 나온다. 잰 걸음, 큰 걸음, 총총걸음이 뒤섞인 무리가 큰 대형을 이루며 다가온다. 인파는 물결 같은 리듬이다. 인파 속의 개인들은 앞서거니 뒤서거니 하면서 바뀐다. 하지만 그들이 이루는 인파 전체의 형태는 통로를 따라 움직이는 물결 같다.

이 인파의 물결은 리듬이 있다. 곡선이다. 즉 물결을 타는 인파의 물결은 곡선의 파형을 가지고 있다. 나는 인파 사이에 순간순간 확보되는 빈틈새를 헤치며 물결치듯 빠져나간다.

한 무더기를 빠져나오는 순간, 갑자기 예측 못한 방향에서 승객이 불쑥 나타난다. 상대방을 피하느라 잠시 주춤거린다. 자칫하면 서로 어깨나 팔이 부딪히기 때문이다. 하지만 리듬을 타면서 빠른 걸음을 멈추지 않는다. 자연스럽게 어깨나 허리만 살짝 트는 리드미컬한 동작만으로도 수많은 인파를 헤쳐 갈 수 있기 때문이다. 이러한 리듬몸짓은 대부분 무의식적으로 이루어진다. 일상적으로 이루어지는 대표적인 리듬몸짓으로 '걸음'이 있다.

걸음에는 다양한 리듬이 있다

리듬몸짓의 형태는 곡선이고, 박자를 갖춘 소리로 표출된다. 걸음에는 바삐 걷는 총총걸음, 힘차게 걷는 성큼성큼 걸음, 생각하면서 걷는 느린 걸음, 그 외에도 성큼성큼, 촐랑촐랑, 깡총깡총, 건들건들 걸음 등 여러 가지가 있다. 위와 같은 걸음에도 저마다의 리듬이 있다. 반복되는 발소리마다 규칙성을 갖고 있어서, 음악적인 리듬감이 있기 때문이다. 걸음은 상황에 따라 리듬의 진폭이 달라진다. 빠른 걸음이나 달렸을 때의 리듬이 다르다. 방향을 전환하게 되면 동선의 궤적, 즉 진폭이 더 커져서 완만해지는 리듬감이 된다. 이 궤적은 속도에 비례해서 커진다. 따라서 맞은편에서 빨리 걸어오는 사람을 피할 때는 그만큼 그 동선을 멀리까지 내다보되, 나의 대응리듬은 짧고 빠르게 된다.

특히 기차, 비행기 등 속도와 중량감이 큰 물체일수록 동선의 리듬은 완만하고 크지만 대처하는 리듬은 짧고 강해야 한다.

우리가 걸을 때 박자감을 느끼는 이유는 분명하다. 그것은 뇌가 자기의 걸음걸이에서 일어나는 박자를 지각하기 때문이다. 반복되는 발소리는 걸음걸이의 가장 기본적인 규칙성인데, 이것이 음악적인 박자감을 불러일으키는 원천이다. 하지만 사람의 몸짓들은 생각보다 복잡하다.

신체 부위에서 가장 많이 움직이는 것은 팔다리다. 우리가 움직일 때마다 이 팔다리는 온갖 물체와 부딪히면서 소리를 내게 된다. 걸을 때 발바닥은 지면에 바짝 붙어 스치듯 나아갔다가, 땅바닥을 비비면서 착지한다. 숲속을 걸을 때는 발소리 중간 중간에 풀, 돌멩이, 흙, 나뭇잎 등이 부딪히거나 쓸리는 소리도 난다.

걸음에는 리듬 있는 소리가 담겨 있다

걷는 동작을 잘 살펴보자. 두 발이 모두 정지된 상태에서 뒷발이 앞으로 나와 땅을 디디면 한 주기가 끝난다. 이번에는 걸음을 내딛기 전에 뒷발이 어떻게 있는지 보자. 아무것도 안 하고 있다. 그냥 땅 위에 그대로 있을 뿐이다. 이제 아주 천천히 걸음을 내디디면서 뒷발의 움직임을 살펴보자. 몸이 앞으로 진행하는 순간에도 뒷발은 계속 땅에 붙어 있다가 시간이 조금 지난 시점에 비로소 지면과 떨어진다. 발소리 사이 간격의 첫 30퍼센트 동안까지는 뒷발이 여전히 땅과 붙어 있다. 비로소 뒷발이 땅에서 떨어진 순간에는 속도가 매우 느리다. 가속이 이제 막 시작되었을 따름이기 때문이다. 따라서 걸음의 첫 3분의 1 동안에는 뒷발이 정지 상태에 있거나 매우 느리게 움직이기 때문에 뒷발로 인한 어떤 마찰음도 일어나지 않는다. 그러므로 발소리와 그 다음 발소리 사이의 마찰음이 일어나는 경우는 비교적 드물다. 걸음이 시작될 때는 뒷발이 천천히 움직이지만 바로 몸 속도의 '두 배' 이상으로 속력이 증가한다. 한 걸음의 마지막 단계에는 앞으로 뻗어 나가던 다리의 속도가 느려지지만, 그동안 움직이면서 얻어진 속도가 있기 때문에 발 디딜 때 마찰음을 생겨나게 한다. 걸음을 내디딜 때의 소리는 다리가 서로 스치거나 팔을 흔들 때 몸과 맞닿을 때 발생된다. 팔다리가 몸에 부딪히는 소리는 발소리와 타이밍을 맞추어 나는 것을 알 수 있다. 우리가 발걸음을 내디디게 되면 팔다리나 몸에 지닌 물건들 또한 몸의 움직임에 따라 주기성을 갖는다.

예를 들면 배낭을 메고 걸을 때, 배낭이 등에서 살짝 떨어졌다가 쿵하고 부딪힌다. 이렇게 배낭이 등에 부딪혀서 내는 소리는 발걸음에 따른 주기성을 갖는다.

걸음에도 저마다 다른 리듬이 나오는 이유는 무엇일까?

똑같아 보이는 걸음걸이도 유심히 보면 제각각이다. 왜냐하면 사람마다 몸의 중심이 틀어져 있어서 각기 다른 걸음리듬이 나오기 때문이다. 몸의 중심이 바르지 않으면 고개가 한쪽으로 기운다. 그러면 고개가 기울어진 방향으로 몸이 넘어지지 않기 위해 어깨가 올라간다. 이에 따라 몸이 중심을 잡기 위에 반대쪽 엉덩이가 올라가게 된다. 이렇게 몸의 한 곳이 틀어지게 된 결과, 몸 전체 중심을 잡기 위해 신체의 일부가 틀어지게 되어 발길이가 다르게 된다. 이렇게 비틀어진 골격상태로 발을 내딛기 때문에 좌우 발바닥에 실리는 힘의 편차가 생긴다. 이에 따라 지면과의 마찰음이 다르게 되며, 각기 다른 걸음리듬이 나오게 되는 것이다. 단순히 전진할 때보다 방향을 틀 때에는 걸음이나 팔다리 리듬이 복잡해진다. 이를테면 왼쪽으로 방향을 돌리고자 할 때, 왼쪽으로 몸을 기울여야 한다. 그렇게 해야 오른쪽으로 밀려 쓰러지지 않기 위해서이다. 지렛대 작용을 하여 몸을 왼쪽으로 보내야 한다. 이 때 신체의 왼쪽은 짧은반경으로 오른쪽은 큰 반원을 그리는 몸짓리듬이 자연스럽게 나오게 되는 것이다.

걸음에 대한 음악적 해석

걸음에는 음악의 박자와 같은 다양한 패턴들이 담겨 있다. 예를 들면, 축구 선수들이 90도 회전하는 데 대체로 두 걸음이 걸렸다. 이것은 걷거나 천천히 달리거나 세게 달리거나 결과는 같았다. 음악에서도 사람과 같은 속도로 방향을 튼다. 음악에서도 '달리기'(내처 올라가거나 내처 내려가는 음 연쇄)가 사람이 90도로 방향을 회전하는 것과 같은 경우에 해당하는데, 두 박이 걸린다. 이것은 사람이 걷다가 90도 방향 전환하는데, 두 걸음이 걸린다는 사실과 일치한다. 걷거나 멈출 때, 방향 전환을 하는 짧은 순간 등에도 팔과 다리 또는 다리만의 접촉음에는 음악적 패턴이 나타나는 경우가 많다.

예를 들면, 사람들이 움직이면서 방향을 바꾸고자 할 때, 걸음걸이가 복잡해진다. 이것은 음악에서도 같은 현상을 볼 수 있다. 즉 선율이 올라가거나 내려갈 때 리듬이 더 복잡해진다는 것이다. 사람이 가까이 다가올수록, 걸음걸이 소리도 많아지게 된다. 음악에서도 이와 비슷한 현상이 일어난다. 음량이 큰 부분일수록 박당 음 개수가 많아지는 것이다. 사람이 걸을 때마다 땅에 내딛는 발소리라든가

팔, 다리가 몸에 부딪치며 나는 마찰음 등이 있는데, 높은 소리가 나는 경우도 있다. 발걸음은 양발의 규칙적인 움직임에 의해 반복되는데, 음악에서도 박은 규칙적으로 반복되는 특성과 비교될 수 있다. 발걸음을 멈추기 직전에는 몸짓이 느려진다. 이런 현상을 음악에서 보면 종지부 앞에서 초당 박의 개수가 적어지는 특성과 비슷하다. 상대방이 내가 있는 방향으로 다가올수록 매 걸음마다 팔다리에서 발생하는 접촉음이 더 많이 들리게 된다. 이런 현상을 음악에서 보면 곡에서 음량이 커질수록 박당 음개 수가 많아지는 특성과 비슷하다는 것이다.

급격한 몸짓 변화에도 음악적 패턴이 담겨 있다

우리는 앞으로 걷기만 할 때는 몸짓이 단순하다. 하지만 방향을 틀 때는 더 복잡한 걸음걸이 패턴과 팔다리 패턴을 보인다. 예를 들어 오른쪽으로 방향을 틀려면 오른쪽으로 몸을 기울이게 된다. 그렇지 않으면 몸이 왼쪽으로 쓰러질 것이다. 이때 다리는 단순히 앞뒤로 왔다 갔다 하는 게 아니라 왼발바닥으로 지면을 강하게 누르면서 몸을 우측으로 보내게 만든다. 상대방의 방해를 헤치면서 나가는 몸짓리듬과 소리는 더 복잡해진다. 이를테면 농구선수가 센터라인을 넘을 때는 진행 방향이 대략 일직선인데다 자기가 주도하기 때문에 걸음걸이 소리의 박이 단순하다. 하지만 센터라인을 넘으면 움직임은 직선이 아니라 불규칙한 곡선을 이룬다. 공격수는 수비수 몸짓의 허점을 보면서 전진해야 하고, 수비수는 공격수의 허점을 노리면서 따라붙어야 한다. 이러한 과정은 상호간 몸짓 변화 예측에 따른 짧고 빠르고 불규칙한 리듬과 궤적의 몸짓과 접촉음이 나오게 된다.

몸의 리듬은 자연의 주기와 연결되어 있다

몸의 생체리듬으로 바이오리듬이 있다. 이것은 지구의 자전과 공전에 의해 생성되는 주기와 연결되어 있다. 지구는 축을 중심으로 24시간마다 한 번씩 회전함으로써 낮과 밤의 24시간 주기를 생성한다. 인간의 행동은 이러한 하루 주기에 많이 지배되는 양상을 보이고 있다. 즉 낮 시간에는 주로 활동하고 밤 시간에는 주로 수면을 취하는 생활리듬을 갖고 있다. 그런데, 활동하고 잠자는 행동만이 하루 주기를 따르는 것이 아니라 인체 내의 생리적 활동 또한 그러하다. 즉, 맥박, 혈압, 체온, 세포 분화율, 혈구수, 신진대사율, 성적 욕구, 투약에의 반응성 등도 그러하다. 비단 이 바이오리듬은 인간에게만 한정된 것은 아니다. 식물도 리듬행동을 보이고 있다. 예를 들면 나뭇잎과 꽃들이 낮에는 펼쳐졌다가, 밤에는 오므라드는 종들이 있다. 심지어는 단세포의 해조류와 곰팡이류들도 낮과 밤의 하루 주기에 관련된 리듬행동을 나타내기도 한다. 어떤 동물들은 하루 주기에 따라 색깔이 변하기도 한다. 예를 들어 플로리다 카멜레온은 밤에는 녹색이 되는 되지만 낮에는 주위 한경과 색깔이 같아진다. 즉, 이러한 동물들의 피부세포들 또한 하루 주기의 변화 또는 계절적 변화와 관련이 있는, 변화 리듬을 보이는 것이다.

리듬은 몸속에도 있다

몸속 리듬에는 임독맥 기경팔맥의 흐름도 있지만 뇌와 내장기관에도 순환리듬이 있다.

이것은 신진대사와 정신활동을 이루어지게 하는 생명활동 리듬이다. 뇌의 리듬은 뇌척수액의 순환을 통해 정신활동을 유지시킨다. 뇌척수액은 중추신경계의 체액으로, 뇌의 영양공급, 말초 내분비 조절역할을 한다. 두개골cranial과 천골sacrum은 분당 8~12주기로 벌어짐과 당겨짐의 리듬을 통해 뇌척수액의 순환을 촉진시킨다. 실제로 집중해서 만져 보면 그러한 리듬이 느껴진다.

걷기는 뇌의 리듬운동을 자극한다

뇌에는 뇌척수액의 순환을 통한 리듬이 있다. 뇌척수액은 중추신경계의 체액인데, 뇌 부위에 영양공급과 내분비 조절기능 및 쿠션 역할을 통해 외부 충격으로부터 뇌를 보호한다. 뇌척수액은 신체 내부 통로를 따라 끊임없이 순환하고 있다. 실제로 건강한 상태에서의 머리 쪽의 두개골에서 꼬리뼈 쪽의 천골까지 순환하는 리듬의 횟수는 1분에 6~12주기를 보이고 있다. 이러한 뇌척수액의 주기적인 리듬은 건강상태를 진단하는 중요한 척도가 되기도 한다. 즉 심장박동이나 호흡수는 운동이나 심리적 상태에 따라 변화가 크지만 뇌척수액의 순환주기는 변화하지 않기에 병적 상태를 검사하는 데 있어 매우 신뢰할 수 있는 진단 기준이 되기도 한다.

걸을 때 두개골과 엉덩이 쪽 천추가 열리고 닫히면서 펌핑운동이 일어난다. 이에 따라 발생되는 척추 내부의 압력은 뇌척수액의 흐름을 촉진한다. 활발해진 뇌척수액은 뇌하수체를 자극하여 정신집중이 잘 되게 하거나 도파민이나 엔도르핀 등 행복 호르몬이 잘 발생하도록 한다.

따라서 공부가 잘 안 될 때 천천히 산보해 보라. 학습의욕이 샘솟기도 하며, 신선한 아이디어가 나올 것이다.

또한 우울하거나 화가 났을 때 천천히 걸어보라. 어느새 마음이 가라앉고 새로운 의욕이 생기게 될 것이다.

심장에도 박동에 따른 리듬이 있다

인간에게 가장 중요한 리듬, 심장 박동은 생명의 박자다. 이 박동은 엄마 배 속에서부터 태어나 죽는 순간까지 지속되는 리듬운동이다. 심장은 산소가 풍부한 혈액을 온몸에 공급하기 위해 한순간도 쉬지 않는 고동을 친다. 심장의 주기는 심장의 수축과 이완에 의한 반복적인 패턴으로 이루어진다. 분당 70~80여 회 박동으로 이 리듬은 손목·목덜미 등에서도 쉽게 느껴진다. 폐의 리듬은 횡격막의 오르내림이다. 들숨날숨을 통해 산소와 이산화탄소를 교환한다. 분당 12~20여 회의 리듬이다. 위장은 분당 6~8주기의 리드미컬한 수축과 이완 리듬으로 음식물을 소화시킨다. 이렇게 몸속의 곳곳에도 크고 작은 리듬이 있다. 이것들은 생명체가 존재하게 하는 생명의 리듬이다.

몸짓리듬은 소리로 표출되며 소리를 통해 몸짓을 알 수 있다

인간이 내는 소리 중에는 박자가 있는 것이 많다. 예를 들어 심장의 박동, 호흡, 웃음소리, 울음소리 등이 있다. 하지만 박자가 가장 두드러진 소리는 걸을 때 나는 소리다. 발을 내딛을 때 땅을 때리는 소리는 규칙적으로 반복되는 패턴이 있다. 걸을 때 발은 지면에 바짝 붙어 스치듯 나아가고, 바닥을 비비며 착지한다. 또한 걸음을 내디딜 때 다리가 서로 스치기도 하고, 상체에서는 팔이 흔들리면서 몸과 맞닿아서 소리가 날 때가 있다. 이때 팔다리가 부딪히는 소리는 발소리와 타이밍을 맞추어 일어난다.

몸짓에는 각각의 소리가 따른다

계단을 올라갈 때 소리가 다르고 내려올 때 소리가 다르다. 뒷걸음은 앞걸음과 다르게 소리 난다. 한쪽 무릎이 아픈 사람은 좌우 걸음소리가 다르다. 따라서 걸을 때 생겨나는 팔다리 소리의 청각적 패턴은 몸짓과 밀접하다. 따라서 사람들이 무엇을 하고 있는지 알 수 있다. 걸을 때, 조깅할 때, 달릴 때 저마다 다른 패턴의 마찰음이 난다. 홱 돌아설 때의 소리는 쭉 나아갈 때의 소리와 다르다. 뛰어오를 때의 소리패턴은 또 다르다. 음높이는 우리에 대한 물체의 상대적 방향을 알려준다. 따라서 음높이 '변화'는 방향 전환이 있다는 것을 알 수 있다. 음높이가 높으면 물체가 내게로 오거나 방향을 튼다는 의미이다. 반대로 음높이가 낮아지면 내게서 멀어져가거나 방향을 튼다는 뜻이다. 한편 사람이 가까이 다가올수록, 들리는 걸음걸이 소리가 많아진다. 사람들이 방향을 바꿀 때는 더 복잡한 팔다리 접촉음이 난다.

텔레비전에서 농구 경기를 중계할 때 눈을 감고 몸짓을 연상해 보라. 선수들이 센터라인을 넘을 때 나는 소리와 어느 한쪽에 몰려 있을 때 나는 소리가 쉽게 구분될 것이다. 선수들이 순간순간 어떤 행동을 하는지도 꽤 비슷하게 맞힐 수 있다.

몸짓은 몸의 중심과 말단의 연결망을 통해 일어난다

몸짓이 일어나는 인체 원리를 살펴보자.

머리와 꼬리뼈(척추의 미골)는 항상 상호 작용한다. 이것은 머리와 꼬리의 연결성은 척추를 통해 일어나는 모든 움직임에서 발견된다. 또 하나는 상체와 하체는 연결되어 있다는 것이다.

즉 상체와 하체가 분리되어 움직이는 것이 아니라 서로 다르게 움직이면서도 상호 작용한다는 것이다. 이것은 몸 전체가 움직일 때, 상체와 하체가 각각 어떻게 움직이는지 살펴보면 그 연결성을 알 수 있다. 몸짓이 만들어지는 과정은 양 팔과 양 다리는 몸 중심을 통해, 반대로 몸의 중심은 양 팔과 다리를 통해 이루어진다. 특히 이 과정은 머리가 척추의 연결망을 통해 꼬리뼈에 영향을 미치며, 최종적으로 손발의 움직임으로 나타난다. 그리고 이러한 몸짓을 제어하고 관장하는 컨트롤 타워는 바로 뇌 부위이다. 몸짓을 일으키기 위해 신체 각 부위 즉 머리 · 척추 · 팔다리의 협응조절에는 대뇌피질을 포함하여 기저핵, 소뇌가 작동한다. 즉 자세의 방향을 수립하고 자세평형을 유지하기 위해서는 체성감각의 체계(근육, 관절, 그리고 피부감각 수용기), 전정의 체계(세반고리관과 내이의 평형석), 그리고 시각의 체계로부터 나오는 감각적 피드백이 개입되는 것이다.

몸짓은 시각정보를 통해 조절된다

앞의 지하철역 인파 헤쳐가기를 생각해 보자. 지금 몇 발자국 앞에서 상대편이 나를 향해 걸어오고 있다. 마주오는 상대편과 부딪히지 않으면서 내가 전진하려고 한다. 상대방을 비껴가기 위해 수집된 정보가 시각피질에서 전두엽으로 전달되고, 대뇌에서는 상대방 걸음속도 및 방향에 따른 동선을 파악한다. 이에 따른 나의 동선과 걸음속도 즉, 나의 몸짓리듬을 결정하게 된다. 나의 동선 방향을 잡기 위해 눈과 머리가 협응한다. 목표를 주시할 때 눈과 머리가 동시에 움직이는 듯하지만 실제로는 눈이 머리보다 약간 먼저 움직인다. 눈은 머리의 움직임이 정지되기 전에 목표물에 초점을 맞추기 위해 가장 먼저 목표물에 도달한다. 이것을 응용하면, 지하철, 버스좌석에 앉은 사람 중 누가 내리게 될 사람인지를 동작 분석을 통해 예측할 수 있다. 내릴 확률이 높은 사람은 상체의 무게중심을 앞 방향으로 기울이기 위해 자동적으로 발들을 의자 쪽으로 당기는 사람, 시선을 출입문 쪽으로 바라보는 응시의 집중도가 높은 사람이다.

몸짓이 일어나기 위해 머리와 눈 및 발의 상호 협응과정을 통해 목표를 향하고 발걸음의 방향과 걸음속도를 결정한다. 그 걸음속도에 적절한 리듬으로 좌우 발을 내딛도록 발의 근육을 통제하는 운동신경을 통해 적절한 몸짓이 나오도록 한다. 이에 따라 신속히 운동신경계와 근육조직에 나의 발걸음에 대한 명령을 내린다. 한 발자국 내딛으면 발바닥에 있는 감각 수용기가 정보를 척수를 거쳐 운동피질로 전달한다. 현재 상대편의 빈틈 사이로 이동하는 나의 발걸음 정보를 전달한다. 뇌의 다른 영역들도 운동의 통제에 관여한다. 한편 뇌간에서는 소뇌가 움직임의 타이밍을 조절하고 오류를 교정한다. 이 과정에서는 광범위한 뇌 영역들이 관여하지만 발걸음의 방향을 결정짓는 것을 제외한 대부분의 몸짓은 무의식적으로 자연스럽게 이루어진다.

몸짓을 일으킬 때, 몸통과 사지를 통해 움직임을 만들어 간다. 상체와 하체는 서로 연결되어 있으며 상호작용을 하고 있다. 모든 움직임에서 이 연결성을 느낄 수 있다. 갑자기 나타나는 장애물(사람, 시설물 등)을 피하기 위해서는 몸짓의 순간적인 전환이 필요하다. 걸어가면서 가속이 된 상태에서 상대를 피하기 위해 갑자기 방향전환을 하기 위한 보폭조정, 어깻짓을 효과적으로 해야 한다. 그렇게 하기 위해서는 발은 신속한 제어를 위해 힘이 가득 들어가지만 상체는 최대한 이완을 시켜야 한다. 그렇게 해야 근골격 및 관절의 부드러운 연결을 통해 빠른 자세전환이 이루어질 수 있는 것이다. 이때의 몸짓리듬은 짧고 강력한 패턴을 갖는다.

리듬행동을 활용한 것에는 무용과 무술이 있다

다양한 리듬이 예술적으로 연결되면 춤이 된다. 부드러운 몸짓은 허리를 축으로 하여 어깨와 팔을 통해 손으로 표출된다. 부드러울수록 최소한의 힘으로 근육과 뼈대 및 관절 간의 연결고리를 통해 동작을 일으킨다. 춤, 특히 한국 무용은 부드러움의 미학이다. 정중동, 동중정의 움직임은 부드러움의 극치이다. 느림 속에 빠름이 있고, 빠름 속에 느림이 있다. 예술성이 강조되는 것은 무용이요, 제압력(공격과 방어력)이 강조되는 것은 무술이다. 몸짓의 마무리는 부드럽고 가벼운 것은 춤이다. 하지만 무술은 부드러움을 통해 몸 안의 에너지를 순식간에 타격 부위로 뽑아내는 것이다. 상대를 제압하기 위해서는 최대한 부드러운 몸짓에서 최대의 폭발력을 분출해 낼 수 있는 것이다. 이때에도 경직된 몸보다 부드러울 때 속도와 타격력이 상승한다. 공격 후 빠른 방어전환에도 부드러운 몸짓일 때 신속히 이루어질 수 있는 것이다. 무술 발차기는 신속성과 파괴력이 목표이다. 따라서 움직이는 상대방의 동작에 따라 순간적이고 불규칙한 리듬과 궤적을 그린다. 하지만 무용의 발 뻗기는 타격을 주기 위한 것이 아니라 미적인 품격을 높이기 위함이다. 따라서 몸을 쭉 늘여서 긴 선을 만든다. 이에 따른 발의 동선 궤적은 큰 리듬이 된다.

몸짓에는 마음이 담겨 있다

마음이 가면 몸도 간다. 몸이 가면 마음이 따라간다.

몸짓은 몸과 마음이 상호 관련되어 나타난다. 즉, 마음은 몸을 움직이고 몸의 움직임은 여러 가지 정보를 마음에 전달해서 상호 작용한다. 몸짓에는 마음이 자연스럽게 흘러나오는 것이다.

따라서 우리의 심리상태나 감정은 몸짓의 외형적 형태로 가시화된다. 걸음걸이에 그 사람의 마음이 담겨 있다. 행복한 걸음, 화난 걸음, 슬픈 걸음 모두 다 보폭과 소리가 다르다. 의욕이 없는 사람은 어깨가 처지고 발을 질질 끌어서 리듬이 완만하다. 화가 난 사람은 턱이 들리어지고 발걸음의 리듬이 빠르다. 슬픈 사람은 기운이 가라앉아 있어서 발걸음이 무겁다. 따라서 걸음리듬이 느리고 흐트러져 보인다.

몸과 마음의 연결고리는 호흡이다

마음은 호흡을 통해 몸짓을 유도할 수 있다.

아주 간단한 무용동작에도 호흡을 통해 마음으로 몸을 이끌고, 몸을 통해 마음을 표현해 낸다.

정중동, 느림 속의 빠름, 빠름 속의 느림, 무거움과 가벼움, 부드러움과 강함의 조화로운 결합, 간단한 몸짓 속에 담긴 복잡함, 단순 몸짓 속의 심오함을 담기 위해서는 절제된 몸짓이 필요하며, 그것을 위해서는 호흡이 가장 중요하다. 무용에서는 몸짓이 부드러워야 하고, 부드럽기 위해서는 이완되어야 한다. 이완이 쉽게 되기 위해서는 숨을 가늘고 깊게 내쉬어야 한다. 또는 강렬하고 짧은 몸짓을 위해서는 순간적으로 숨을 멈추는 것이 필요하다. 특히 섬세한 동작일수록, 감정표현이 요구되는 동작일수록 의도적인 호흡의 변화를 통해서 몸짓조절을 하게 되는 것이다. 이것은 한국 무용이나 발레에서 특징적으로 보여지고 있으며, 무용수들 역시 호흡 방법을 통해 독특한 움직임을 만들어 내기도 한다. 그래서 창의적이고 뛰어난 무용수들은 호흡 방법을 연구해 자신만의 독특한 움직임을 만들기도 한다.

리듬을 살리는 몸짓과 마음가짐

일상생활에서 전화 통화와 운전은 상대방과 리듬 맞추기가 무엇보다 많이 요구된다.

전화 통화는 상대방의 표정이나 몸짓에 대한 정보가 없이 단지 제한된 소리 정보만으로 의사를 주고받아야 한다. 따라서 서로 말을 듣고 건네는 리듬이

엉키면 마음이 불편해진다. 특히 사무적인 관계에서 중요한 의사결정을 하게 될 때는 더욱 그러하다. 전화 상담원은 다양한 사람의 문제를 통화로만 풀어 가야 한다. 말이 빠른 사람, 느릿한 사람, 어눌한 사람 등의 말하는 리듬에 맞춰 줘야 상대방이 하고 싶은 말을 편안하게 풀어낼 수 있다. 말이 빠른 사람에게는 상담원의 응대도 빠른 박자로 맞춰 줘야 한다. 느릿한 사람이 말할 때는 상담원도 답변의 템포를 살짝 늦춰 줘야 한다. 그래야 서로의 말들이 자연스럽게 오고 간다. 마치 시소 타듯이 상대방의 말이 끝나면 부드럽게 나의 답변이 시작되는 식으로 말이다.

계단을 내려갈 때 우리 몸은 내딛는 발을 아래 계단에 착지하기 위한 리듬 맞추기가 무의식적으로 이루어진다. 만약 엇박이 나게 되면 잘못 디딜까 움찔하고 놀라게 된다. 자전거 타고 가다가 앞에 보행자를 맞닥뜨렸을 때, 본능적으로 보행자 걸음의 방향과 속도에 따른 동선 궤적이 머릿속에 그려진다. 충돌을 피하기 위한 자전거의 동선 궤적을 만들기 위해 속도조절을 하게 된다. 자전거 페달에 오른발 왼발로 번갈아 가해지는 힘은 보행자와 가까워지는 자전거 속도의 리듬에 맞춰 이루어진다. 도로에서 주행 중 옆차선으로 끼어들기를 할 때에도 운전자는 무의식적으로 리듬 맞추기를 하고 있다. 상대 차량의 움직임에 따라 가속페달과 브레이크를 밟은 발에 교대로 힘이 들어가는 리듬이 형성된다. 상대 차량의 흐름에 박자가 잘 맞으면 자연스럽게 합류하게 되지만 엇박자가 나면 급작스럽게 브레이크를 밟게 된다. 이럴 때 숨을 가늘고 길게 내쉬게 되면 몸과 마음이 이완되면서 교통 흐름에 박자 맞추기가 잘 이루어질 것이다.

리듬을 타면 3,000배도 지치지 않고 흥겹다

흔히들 3,000배를 무척 힘들어 한다. 하지만 리듬을 타면 쉽게 할 수 있다. 상체를 수그릴 때 무릎의 각도를 잘 맞춰서 상체가 바닥과 곡선 궤적을 그리며 수평으로 뻗어 가게 하는 것이다. 즉 직선을 곡선의 궤적으로 만드는 것이 핵심이다. 이때 무릎이 중요한 지렛대 역할을 하는 것이고 상체와 하체의 협응은 순간적인 리듬을 통해 이루어진다.

나가면서

지금까지 우리의 몸짓에 담긴 리듬을 살펴보았다. 몸짓이 이루어지는 여러 상황에 따른 리듬들이 있으며, 곡선의 형태로 나며, 소리로 표출된다고 보았다. 몸짓은 몸통과 사지 및 이것을 제어하는 뇌와 신경계의 협응과정을 통해 이루어진다. 몸짓을 예술적으로 펼치는 것이 무용이요, 상대방을 제압하는 용도로 펼치는 것이 무술이다. 몸짓에는 마음이 드러나기 때문에 몸짓을 통해 마음을 읽어 볼 수도 있다. 몸짓과 마음은 호흡을 통해 연결되어 있어서, 호흡의 기교를 통해 섬세한 몸짓을 만들어 내기도 한다.

따라서 몸짓은 단순한 움직임에 불과한 것이 아니라, 인간의 몸과 마음을 통합적으로 볼 수 있는 소중한 대상인 것이다. 상대방의 몸짓에서 드러나는 리듬을 느끼면 그 몸짓이 의미하는 바, 마음의 상태를 이해할 수 있어서 무언의 소통을 할 수 있다. 이렇게 되면 훨씬 여유로운 마음을 갖게 될 것이다.

병든 몸 · 치유되는 몸 · 윤리적인 몸[1]
— 오장환의 시를 중심으로

이 글에서 중요하게 다룬 사안은 1930년대부터 왕성한 시를 발표하다 해방기에 월북한 오장환의 시에서 몸 인식이 일관된 시적 기제로 작용하면서도, 해방기를 기점으로 그 성격이 변화되는 과정이다. 오장환의 몸 인식은 자기를 '병든 몸'으로 구성하는 것이었는데, 이는 초기 시부터 월북 이후의 시에까지 일관된 것이었다. 몸에 대한 자각은 병들거나 아플 때 주체 구성에 강력하게 개입한다. 오장환은 자기뿐 아니라 현실 세계 역시 병들었다는 인식을 통해 현실을 비판하고, 병든 몸의 치유 가능성을 경험하는 과정을 통해 세계의 병리성 역시 극복할 수 있다는 현실 인식을 확보하게 된다. 이런 점에서 오장환에게 몸의 문제는 핵심적인 시적 계기였으며 주요한 시적 방법론으로 작용하였음을 알 수 있다.

임지연

오장환에게 몸이란 무엇이었을까?

오장환의 시[2]에서 몸은 자기와 현실을 바라보는 시적 주체의 자기정체성, 현실세계와의 관계망 속에서 형성되는 시적 방법론과 관련이 있다. 등단작 〈목욕간〉(1933)에서부터 자기정체성을 몸을 통해 드러내기 시작하였고, 1946년 ≪병든 서울≫과 월북 이후 ≪붉은 기≫에 이르기까지 병든 몸에 대한 인식 속에서 현실과의 관계를 포착하고 있다. 가령, 등단작 〈목욕간〉에서 시적 주체는 '청결하지 못한 내 몸을 씨서' 보고자 하는 소년이다. 몸의 문제는 해방을 맞은 20대 후반의 젊은이가 '병든 탕아'로서의 주체인식과 '병든 서울'로서의 현실을 판단하는 방식으로 나타나고(〈병든 서울〉), 월북 이후의 변화된 정치적 현실 속에서 "병상에 누워 있으나/ 내 몸에 넘치는 힘"(〈모스크바의 5·1절〉)을 경험하는 치유된 몸으로 자기와 현실을 인식하고 있다. 이처럼 초기 시부터 후기 시까지 몸의 문제는 주체와 세계, 개인과 현실을 구조화하는 핵심적 계기가 된다. 따라서 오장환의 몸 인식은 단순히 수사의 차원이 아니라, 주체와 현실을 인식하고 판단하는 핵심적인 내적 동력이라고 할 수 있다. 물론 오장환의 시적 여정에서 몸 인식은 일관된 내적 기제로 작용하였지만, 시기마다 특정한 변화를 드러내고 있다. 이 글은 오장환의 시에 나타나는 일관된 내적 기제인 몸의 성격과 해방기를 전후로 한 몸 인식의 변모과정을 추적함으로써 몸을 통하여 어떻게 주체와 현실의 문제를 시적으로 구조화하고 있는지 살펴보고자 한다.

여기서 몸은 주체 구성의 방법으로 활용되고 있는데, 이는 몸이 가지는 두 측면을 동시에 갖는다. 즉 몸 자체의 고유성이 한 측면이고, 세계와 긴밀하게 연관되어 있는 상황적 주체로서의 몸이 다른 한 측면이다. 즉 오장환의 시에서 시적 주체는 '병든 몸'을 갖는 아픈 자로 구성함으로써 자신을 정신이나 이성이 아니라 병들고 아플 수 있는 살과 뼈를 갖는 연약한 물질적 존재로서의 고유한 몸으로 정립한다. 고유한 몸은 자기의 몸 그 자체로 제한되지 않고 세계와 긴밀한 관계를 갖는 상황적 존재로서, 현실 세계를 비만한 육체로 표상하여 식민지의 자본주의적 현실을 비판하는가 하면, 해방기나 월북 이후에는 치유될 수 있는 생명 존재로 표상하여 비참한 현실을 극복 가능한 세계로 치환한다. 이러한 현실 인식은 자기와 세계를 병든 몸이라는 특정한 몸 상태로 인식함으로써 가능하다.

이를 통해 오장환은 초기 시에서 후기 시에 이르기까지 일체성을 통해 주체를 구성하고, 동시에 세계와의 관련성 속에서 현실을 비판하고 극복하려는 시적 태도를 확보하고자 하였다. 오장환의 시에서 몸은 일관되고 핵심적인 시적 기제로 파악하고 그 구체적 양상과 변화과정을 검토하고자 한다.

병리적 몸에서 윤리적 몸으로

오장환은 초기 시에서 서정주, 유치환 등 생명파 시인들과 함께 육체와 관련된 몸 표상을 중요한 내적 계기로 삼고 있다. 서정주와 유치환이 육체 그 자체에 내재된 생명성에 주목했다면, 오장환은 병든 몸을 비판하면서 몸 표상을 활용하였다. 몸에 대한 인식은 이른바 생명파 시인들뿐 아니라, 이상과 같은 모더니스트에게도 근대적 주체의 지표로 파악되고 있었다. 이상과 오장환은 공통적으로 병리적 몸에 관심을 기울이고 있었다. 이상이 거울이나 현미경의 시선으로 개인의 몸을 해부하고 있었다면, 오장환은 비판적인 관찰자의 시선으로 병든 육체를 풍경화하고 있다. 당대 몸에 대한 미적 차이에 대해서는 별도의 논의가 있어야 할 것이다.

이 시기 오장환의 시에서 자기를 규정하는 몸의 증상은 병들었다는 것이다. 그러나 병든 몸임에도 불구하고 통증이나 고통의 경험을 토로하지 않는다. 병든 자라는 자기 인식만을 전경화하고 있다. 몸을 갖는 자로서 경험하는 몸 인식과정에서 몸의 현상적 증상들을 언어화하지 않기 때문에 병을 상징어로 평가[3]받기도 하였다. 그러나 오장환에게 병은 시인 자신이 경험한 고통스런 몸적 증상[4]인 동시에 우울・피로・퇴폐와 환멸과 같은 자기부정의 표상이고, 나아가 병든 현실의 구체적 내용으로 표상되는 몸의 부정적 증상으로 구성되어 있다.

초기 시에서 반복적으로 나타나는 병든 주체는 여러 층위의 의미를 내포하고 있다.

첫째, 육체는 기본적으로 부정적인 것으로 나타난다. 초기 시에서 육체성을 갖는 존재는 대체로 부정적 대상으로 그려지고 있다. "하반신이 썩어가는 기녀"(〈고전〉), "썩은 살뎅이"(〈海獸〉)가 표상하는 육체적 부정성, "면도 않은 턱어리"(〈성벽〉), "병든 시에미"(〈정문〉)가 표상하는 전근대적 전통성은 오장환의 식민지 근대성 비판의 핵심이었다. 육체성이 갖는 성적 희열이나 생명성, 창조성은 배제된 채 육체를 갖는 모든 존재는 기본적으로 부정적으로 그려지고 있다.

둘째, 실제로 병든 자의 고통이나 피로, 우울을 포괄한다. 몸을 갖는 존재는 근원적으로 병들 수 있는 존재이다. 오장환 역시 신장병에 걸려 병석에 누웠었던 경험을 가졌다는 점에서 병든 자라는 자기인식은 병에 대한 경험으로부터 나온다고 할 수 있다. 그런데 여기에서 병든 몸은 자기를 우울, 고독, 환멸, 분노와 부정성으로 드러낸다. 그의 산문에 의하면 유서를 쓰고 자살시도를 한 적이 있다고 한다.[5] 자살은 자기 몸을 스스로 죽이는 극단적인 자기부정 행위이다. 초기 시를 지배하는 우울과 환멸의 정조는 시적 주체의 자기정체성을 부정적 존재로 규정하는 힘으로 작동한다.

셋째, 병든 현실을 표현하는 내적 계기로 사용된다. 병은 식민지 조선의 부정적 현실 풍경에서 병든 육체를 갖는 자들이 보여주는 관능과 퇴폐의 성격을 부과한다. 병든 몸으로서의 주체가 바라보는 식민지 조선은 육체 과잉이라는 차원에서 병든 현실이다. 이러한 병든 현실에 대한 총체적 비판은 "桃色姦通"(〈전쟁〉), "비만한 거리"(〈수부〉)라는 관능 과잉, 육체 과잉이라는 차원에서 이루어지고 있다.

이를 통해 퇴폐적인 육체[6]는 자본주의와 식민주의로 인해 병든 현실을 비판할 수 있는 내적 계기를 만들어 낸다.

넷째, 몸 인식이 부정적이라고 할지라도 이를 통해 타인에 대한 보편적 인식을 가능하게 한다는 점을 간과할 수 없다. 이는 몸을 갖는 보편적 인간이라는 공통감을 확보하게 한다. 오장환은 산문에서 "날이 가면 갈수록 환멸과 비분밖에 나지 않고, 그나마 병석에 아주 눕게 된 나로서는 그의 일을 남의 일처럼 보기가 힘들게 되었다."[7]고 한 바 있다. 병든 자는 타인의 고통을 이해하기 쉽다. 몸을 갖는 자들의 공통적 특징은 바로 병과 고통에 대한 공감이다. 이처럼 오장환 시에서 병이란 겹겹의 복잡한 몸의 의미층위에서 자기와 현실세계에 대한 부정적 관계를 구성하는 모티브가 된다.

초기 시에서 자기를 병든 자로 표현하는 경우가 종종 나타나는데, "병든 사나이", "병든 나"(〈황혼〉), "병든 시인"(〈불길한 노래〉) 등이 그 예이다. 초기 시에서는 병든 주체를 드러내기보다 병든 주체가 바라보는 식민지 조선의 자본주의에 의해 썩어 버린 부정적인 타인들의 육체 풍경이 더 강하게 드러나고 있다. 그러나 바라보는 자는 건강한 자가 아니라, 병든 자이다. 뒤에서 언급하겠지만 바라보는 자와 보여지는 자들 간의 비판적 거리를 유지하기 위해 병든 자의 윤리성은 내재적으로 확보된다. 따라서 동일한 병든 자이지만, 주체로서의 병든 자는 적어도 식민지적 자본주의나 보수적인 전근대의 전통에 오염된 비만하고 병든 퇴폐성을 갖는 부르주아지는 아니라는 윤리적 거리가 존재한다. 먼저 몸을 통해 자기를 구성하는 시를 읽어 보자.

나요. 吳章煥이요. 나의 곁은 스치는 것은, 그대가 안이요. 검은 먹구렁이요. 당신이요.

외양조차 날 닮엇드면 얼마나 깃브고 또한 信用하리요.

이야기를 들리요. 이야길 들리요.

悲鳴조차 숨기는 이요 그대요. 그대의 同族뿐이요.

그대의 피는 검어타지요. 붉지를 않고 검어타지요.

음부 마리아 모양, 집시의 계집애 모양,

당신이요. 충충한 아구리에 까만 열매를 물고 이브의 뒤를 따른 것은 그대 사탄이요.

차듸찬 몸으로 친친이 날 감어주시오. 나요. 카인의 末裔요. 병든 시인이요. 罰이요. 아버지도 어머니도 능금을 따먹고 날 낳었소

(중략)

견딜 수 없는 것은 낼릉대는 혓바닥이요 서릿발 같은 面刀ㅅ날이요.

괴로움이요. 괴로움이요. 피 흐르는 詩人에게 理智의 푸리즘은 眩氣로웁소

어른거리는 무지개 속에, 손가락을 보시요. 주먹을 보시요.

남 ㅅ빗이요- 빨갱이요. 잿빛이요. 빨갱이요.

_〈不吉한 노래〉 부분 (≪헌사≫, 1939. 7.)

바보와 같이 거물어지는 하늘을 보며 나는 나의 키보다 얕은 街路樹에 기대어 섰다. 病든 나에게도 고향은 있다. 筋肉이 풀릴 때 향수는 실마리처럼 풀려나온다. 나는 젊음의 자랑과 希望을, 나의

무거운 絶望의 그림자요. 함께, 뭇사람의 우슴과 발ㅅ길에 채우고 밟히며 스미어오는 黃昏에 마껴버린다.

(중략)

어듸를 가도 사람보다 일 잘하는 機械는 나날이 늘어나가고, 나는 病든 사나이. 야윈 손을 들어오래 ㅅ 동안 惰怠와, 無氣力을 극진히 어루맍었다. 어두어지는 黃昏 속에서, 아모도 보는 이 없는, 보이지안는 黃昏 속에서, 나는 힘없는 憤怒와 絶望을 묻어버린다.

_〈黃昏〉 부분 (≪성벽≫, 1937. 7.)

〈不吉한 노래〉는 첫 행 "나요. 오장환이요."라는 데서 알 수 있듯이 오장환 자신에 대해 말하는 자화상으로서의 시이다. 시적 주체의 운명적 몸의 기원에 대해 고백하고 있다. 보들레르의 악마성이나 서구적 육체성에 대한 자각이 뚜렷한 이 시의 시적 주체는 자기를 "병든 시인"이요, "피 흐르는 시인"이라고 규정하고 있다. 창세기에 등장하는 사탄의 관능성을 자신의 특성으로 이해하고, "그대의 피는 검어타지요."라고 말하면서 자신의 피 역시 그와 무관하지 않음을 드러낸다. 즉 '검은 먹구렁이'로 표상되는 사탄과 동일시하고자 한다. 즉 나는 "아버지도 어머니도 능금을 따먹고 나를 낳"았으며 그래서 "카인의 末裔"이다. 가학성은 더 강해져서 현실 속에서 나는 '기생충', '독한 버섯'으로 인식한다. 가학의 결과 나는 '검은 먹구렁이'의 '검'은 '피 흐르는 시인'이라는 자기정체성을 부여한다. 여기서 시적 주체는 사탄의 나쁜 피를 운명적으로 갖는 존재이면서, 뼈와 살, 피를 갖는 몸 존재라는 사실을 자각한다. 시적 주체는 자기를 병든 몸으로 표방하고 있다.

인용시 〈황혼〉에서 병의 의미는 '병든 나', '병든 사나이'로 집약되어 나타나는데, 근육이 풀리는 몸, 야윈 손의 사나이라는 육체 표상으로 드러난다. 이 시의 배경은 실업자인 군중들이 흩어지는 황혼이 지는 도시의 거리이다. 직업소개소에는 실업자들이 모여들지만 일자리는 찾지 못한다. "아모 일도 안하며 일할 때보다는 야위어진다."는 구절에서 알 수 있듯이 나와 군중은 실업자이며, 일을 하지 못해서 먹지 못하므로 야윈 몸을 갖고 있다. 병든 자로서의 주체 구성 방식은 자기가 몸을 갖는 연약한 존재라는 사실을 인정하고, 나아가 식민지 조선의 병든 현실을 비판할 수 있는 입각점을 내재화하며, 또한 병든 현실을 비판하는 자의 윤리적 자세를 확보할 수 있는 역할을 하고 있다. 이 시에서 병든 나는 '분노와 절망'을 황혼 속에 묻어버리는 극단적인 자기부정적 주체로 구성하고 있다. '병든 나', '병든 사나이'로서의 시적 주체는 병든 현실에서 비롯되는 절망과 무기력의 감정을 시에 침잠시킨다. 그러나 '병든 나'는 자본주의의 모순으로 병들어 있는 도시 군중이 흩어지는 모습을 바라보는 자이다. 동일한 공간에 있을 수는 있지만, 그는 바라보는 자일 뿐이다. 바라본다는 시각적 감각은 보는 대상과의 거리를 확보할 때 가능하다. 즉 병든 나는 보는 자로서 식민지 도시의 실업자 군중들과 비판적 거리를 확보하여 그들로부터 자신을 분리[8]시키고 분노와 절망의 감정을 증폭시킨다.

오장환은 해방을 맞은 이후에도 자기를 병든 자로 구성하고 있다. 그러나 의미는 질적으로 달라진다. 단적으로 말하자면 식민지 시기에 드러나는 병든 몸이 절망과 부정성의 의미를 갖는 병리적 차원이라면, 해방기의 병든 몸은 이 시기 시창작의 당적 강령이었던 자기비판의 방법으로 활용되면서, 이를 통해 과거 친일과 같은 병리적 행위로부터 자유로운 강력한 윤리 주체로 태어나게 된다. 또한 초기 시에서 병든 몸은 비판하거나 비판받는 몸 자체였다면, 해방기 시에서는 치유 가능한 몸으로 전환되어 해방된 국가가 요구하는 새로운 인간형의 탄생을 위한 시적 장치로 활용된다.

그렇다, 病든 서울아,
지난날에 네가, 이 잡놈 저 잡놈
모도다 술취한 놈들과 밤늦도록 어깨동무를 하다싶이
아 다정한 서울아
나도 미천을 털고 보면 그런 놈 중의 하나이다.
나라 없는 원통함에
에이, 나라 없는 우리들 靑春의 反抗은 이러한 것이었다.
反抗이어! 反抗이어! 이 얼마나 눈물나게 신명하는 일이냐

아름다운 서울, 사랑하는 그리고 정들은 나의 서울아
나는 조급히 病院門에서 뛰어나온다
포장 친 음식점, 다 썩은 구르마에 차려놓은 술장수
사뭇 돼지구융같이 늘어슨
끝끝내 더러운 거릴지라도
아, 나의 뼈와 살은 이곳에서 굵어졌다.

병든 서울, 아름다운, 그리고 미칠 것 같은 나의 서울아
네 품에 아모리 춤추는 바보와 술취한 망종이 다시 끓어도
나는 또 보았다.

우리들 人民의 이름으로

우리네 人民의 共通된 幸福을 위하야

우리들은 얼마나 이것을 바라는 것이냐.

아, 인민의 힘으로 되는 새 나라

(중략)

그러나 나는 이처럼 살었다.

그리고 나의 反抗은 잠시 끝났다.

아 그동안 슬픔에 울기만 하여 이냥 질척어리는 내 눈

아 그동안 독한 술과 끝없는 비굴과 절망에 문드러진 내 씰개

내 눈깔을 뽑아버리랴, 내 씰개를 잡아떼어 길거리에 팽개치랴.

_ 〈病든 서울〉(≪病든 서울≫, 1945. 12.) 부분

해방이 되자 '일제청산'은 좌우익을 막론하고 전 민족적 과제로 부상하였다. 모든 문학단체들이 '일제청산'을 강령으로 삼을 만큼 정치적, 문화적으로 해결해야 할 과제였다. 다른 문인들이 친일경력, 언어, 내용 등에 한정할 때 임화는 "승리한 일본과 타협하고 싶지는 않았던가? 이 아무도 모르는 마음속의 비밀을 솔직히 덮어 두는 것으로 자기비판의 출발점을 삼아야 한다."[9]고 하면서 근원적인 자기비판을 요구하였다. 이처럼 문인들에게 요구되었던 일제청산은 '자기비판'이라는 문학적 방법론으로 가시화되었는데, 문인 자신의 일제청산에 대한 자기비판과 새로운 시대를 개척하기 위한 소시민성 극복의 문제로 세분화된다. 그러나 일제청산을 위한 내면적 비판과 외면적 친일행위를 고려하여 친일부역의 논리와 유형을 세분화하지 못하고 "누가 누구에게 돌을 던지랴?"[10]식의 감정적이고 무차별적인

차원에서 이루어졌다. '자기비판'이라는 문학적 방법은 어쩌면 친일적 요소의 면죄부와 같은 역할을 담당하였다. 개인의 심정적 차원에서 무차별적으로 이루어지면서 이 의례를 통과하면 구원받는 자동회로였다.

오장환 역시 시적 방법으로서의 '자기비판'이라는 차원에서 해방을 맞는 자신을 내면적으로 점검하고 있다. 다행히 오장환에게는 친일경력은 없었다. 그런 점에서 해방기 시단에서 보다 우월한 윤리적 지위를 점할 수 있었다. 오장환의 자기비판은 친일이나 친일에 대한 욕망이 아니라, 소시민성 극복이라는 지점에서 이루어졌다. 이 시기 시적 방법론으로서의 고백담론이 작동되는 방식은 고백해야 할 내용이 문제가 아니라, 죄를 고백해야만 하는 지상명령의 형식이었다.[11] 해방기 고백담론은 고백 주체의 윤리성[12]이 강조되면서, 문인들은 자기비판의 과정을 반드시 통과해야만 하였다. 여기서 주목할 것은 오장환의 소시민성 극복이라는 자기비판은 몸과 직접적으로 연관되어 있다는 점이다. 몸을 통한 자기고백은 보다 근원적일 수 있었다. 그것은 병든 몸이라는 자기고백의 진정성 확보와 치유될 수 있는 윤리적 몸이라는 소시민성 극복의 미래의지 속에서 이루어졌다.

인용 시 〈病든 서울〉에서 시적 주체는 병든 자(병든 蕩兒)이다. 해방을 병원에서 울면서 맞았다고 고백하는 시적 주체는 죽음을 예견할 정도로 중증의 병이 들어 있음을 알 수 있다. 실제 오장환은 "그때 나는 병원에 누워 배를 가르고 대동맥을 자르느냐 안 자르느냐의 관두에 있었"[13]다고 증언한 바 있으며, 해방을 전후해 신장병을 치료하기 위해 서울대학교병원에 입원하여 김광균이나 이중섭의 병문안을 맞았다고 한다.[14] 이 시에서 자기비판의 방식은 몸을 통해 제시되는데, 먼저 병원에서 해방을 맞는 "병든 탕아"라고 자기를 지시하고 있다. 탕아는 죄를 짓고 돌아온 자라는 점에서 자기비판의 성격이 강한데, 왜 여기에 병든 탕아라고 했을까? 실제로 오장환은 병든 몸이기도 했지만, 이를 탕아의 면모를 극복할 수 있는 근본적 계기로 마련하고자 하였다. 소시민성 극복의 문제는 해방기 민족문학론에 핵심적 축이었다. "소시민을 고집하려는 나와 또 하나 바른 역사의 궤도에서 자아를 지양하려는 나와의 거리"[15]를 줄이는 것이 이 시기 문학의 방향이었다.

오장환에게 극복해야 할 소시민적 특성은 식민지 시기 병든 몸을 통해 절망과 우울, 환멸의 정서를 표출하던 과거의 시세계였다. 따라서 과거의 병든 몸을 극복하기 위해서는 병들지 않고 건강한 몸으로 다시 태어날 필요가 있었다. 병든 몸은 치유되는 몸으로 전환된다. 또한 과거 병들고 비만한 도시풍경은 부정적이 아니라, 긍정적으로 비판되기 시작한다. 즉 "끝끝내 더러운 거릴지라도/ 아, 나의 뼈와 살은 이곳에서 굵어졌다."고 고백함으로써 더럽고 병든 현실 풍경을 시적 주체인 나의 몸이 성장할 수 있었던 장소로 긍정하고 있다. 즉 과거 병든 현실 풍경은 비판의 대상에서 치유 가능한 몸이 거주하는 장소로 변화되고 있다. 즉 병든 거리 속에서 치유되는 나로 변화되면서 병든 풍경과 나와의 거리는 무화된다. 이를 통해 '인민의 공통된 행복'을 지향할 수 있는 윤리적 주체로 거듭날 수 있으며, 나는 확장되어 '우리'[16]가 될 수 있었다. 그런 점에서 병든 자로서의 자기 인식은 해방기를 맞는 윤리 주체의 성격을 갖는다.

결국 소시민성을 극복하고, 지난 시기의 환멸과 부정의 정조를 떨쳐 내기 위해 이 시의 시적화자가 하는 몸 행위[17]는 "질적어리는 내 눈", "문드러진 내 씰개", "내 눈깔"을 "뽑아버리랴", "길거리에 팽기치랴"라는 행동 의지를 통해 드러난다. 과거의 부정적 몸이 다시 부정되는 상황에 이른다. 가령, 〈입원실〉과 같은 시에서는 병든 사람이나 다쳐온 젊은이들이 모두 "싱싱한 얼골", "씩씩한 얼굴"로 병원을 나가는 모습이 그려진다. "쾌차하시오"라는 말과 함께 이 시는 치유되는 몸을 미래적으로 표상하고 있다. 이처럼 몸에 의한 자기비판과 치유되는 몸표상을 통해 새나라 건설과 민족문학 건설을 이루기 위한 새로운 인간형으로 제시될 수 있었다.

월북 이후의 시에도 몸에 대한 인식은 병든 몸이라는 자기 인식 위에서 구성된다. 그러나 이 시기의 몸 인식은 '병든 몸'이라는 자기 인식을 지속시키면서도 해방기 시의 특징인 '치유되는 몸'을 보다 현실적으로 보여주면서 생명성 긍정과 함께 근원적으로 병이 나았다는 인식으로 진입한다. 그러나 역설적이게도 이 시기 몸 관련 시어는 확연히 줄어들고 있다는 점에서 치유되는 몸과 함께 몸 자체는 소멸되는 방식으로 시가 나아갔음을 알 수 있다.

> 병든 사람도 깨끗이 흰 옷을 입음은
> 이 곳의 차림
> (중략)
> 그래도 안되면
> 당신을 우리나라 소련까지도 가게 하여
> 온전히 낫게 하리다.—
> 쇠잔한 맥박을 헤이며
> 성심껏 말하는 당신의 음성
> 내 어찌 이곳에서 낫지 않겠습니까.

_ 〈남포병원〉(≪영원한 친선≫, 1949. 2.) 부분

"남포 소련 적십자병원에서"라는 부제가 붙어 있는 이 시는 병의 치료과정이 구체적으로 드러나 있다. 해방기 시에서 치유되는 몸은 다분히 미래적 의지의 측면에서 이루어지고 있다면, 월북 이후에는 병이 치료되는 과정이 보다 구체적이고 현실적으로 나타난다. 남포 소련 적십자병원에 입원하여 치료받은 시적 주체의 병실은 '남으로 향한 창'에 '참새떼'가 앉았다 가는 장소이다. 이 시기 시의 특성 중 하나는 생명력을 표상하는 자연물들이 자주 등장한다는 점이다. 이 시에서도 참새떼는 먹이를 먹고 창가에 앉기도 하는 생명성을 갖는 순수 자연물로서 시적 주체가 병을 치료하는 병실과 연접해 있다. 즉 이 시기 오장환의 시에서 몸은 이처럼 살아 있는 생명력으로 전이된다. 인용시에서 병을 치료해 주는 의사는 '이국의 손님'인 '타마라 알렉산드로브타'라는 이름의 '상냥한 여의사'이다. 여의사는 고향의 어머니를 환기하는 장치로 사용됨으로써 병든 몸과 병든 현실을 치유할 수 있는 가능성을 마련한다. 의사는 치료를 위해 소련으로까지 데리고 가 '온전히 낫게 하'겠다는 완치의 의지를 표명하고 있다. 이때 시적 주체는 "내 어찌 이곳에서 낫지 않겠습니까"라는 치료에 대한 희망적 기대를 드러낸다. 이후 〈모스크바의 5·1절〉이라는 시를 보면 소련에 가서 신병을 치유하는 과정이 드러나 있다. 결국 오장환의 병은 치유되지 못했지만 시적 주체는 치유되는 몸을 실제로 경험하였다. 그런 점에서 오장환 시의 몸은 병든 몸이라는 자기인식을 일관되게 밀고 나가면서 병리적 몸에서 치유되는 몸으로의 변환 지점을 경유한다.

부정적 시선 주체에서 행동하는 생명 주체로

초기 시에서 오장환의 몸 인식은 관찰자적 현실 인식과 연관되어 있다. 이와 관련하여 박민규는 오장환의 시를 댄디즘으로 규정하고 근대적 풍경에 감동하거나 동화되지 않고 차가운 관찰자의 시선을 견지함으로써 역사적 모더니티의 화려함 이면을 환기하고자 한다고 평가하였다.[18] 이처럼 오장환의 1930년대 초기 시를 주도하는 시적 주체의 면모는 현실을 비판적으로 바라보되, 현실과는 일정한 거리를 둔 채 식민지 자본주의의 환멸감과 전근대적 전통의 부정성을 드러내고 있다. 이때 비판적 시선 주체와 이 주체가 바라보는 식민지 조선의 풍경은 병든 몸이라는 점에서 공통점을 갖는다. 그러나 바라보는 시선 주체와 보여지는 현실 풍경은 비판적 거리를 유지하면서, 보여지는 현실의 추악하고 비만한 부정적 육체성이 강조되고 있다. 그가 바라보는 현실은 비만한 건물(〈수부〉), 병든 역사(〈the Last Train〉), 병든 위안(〈체온표〉)으로 언어화되는바, 이는 모두 병리적인 육체성을 표상한다. 또한 병든 몸의 주체는 아픈 몸을 갖고 있을지라도 식민지 자본주의의 퇴폐적인 욕망에 의해 비만해진 육체적 현실과는 동일하지 않다는 내면화된 윤리의식이 작동하고 있다. 일정한 비판적 거리를 유지하면서 바라보는 시선 주체는 비판할 수 있는 윤리적 지위를 마련하고 있다.

특히 비판적인 시선 주체는 오장환의 여행자적 태도와도 관련된다. 그는 '멀리 여행을 떠나고 싶은 마음'을 "나의 꿈이요, 끊임없이 타고 나온 숙명의 길"[19]이라고 말한 바 있다. 초기 시에 집중되어 있는 고향에 대한 열망과 식민지 도시거리에 대한 비판적 묘사는 이처럼 여행을 꿈이요, 숙명이라고 여긴 여행자적 태도에서 비롯되는 관찰자적 시선으로부터 연원한다. 도쿄와 고베, 서울과 고향을 떠돌던 여행자적 삶의 원천을 자신의 '지향 없는 사람의 원병原病'[20]으로 지적하기도 하였다. 이는 병든 현실을 병리적 몸과 연관하여 비판적으로 바라보고자 했던 오장환의 시선 주체의 특징이 어디로부터 연원하는가를 짐작하게 한다.

> 工場 속에선 무作定하고 煙氣를 품고 무작정하고 生產을 한다
> 끼익-끼익-기름 마른 皮帶가 외마디 소리로 떠들 제
> 職工들은 키가 줄었다.
> 어제도 오늘도 동무는 죽어 나갔다.
> 켜로 날리는 몬지처름 몬지처름
> 山등거리 파고 올으는 土幕들
> 썩은새에 굼벵이 떨어지는 춘여들
> 이런 집에선 먼-촌 一家로 부처온 여공들이 肺를 앓고
> 세맨의 쓰러기통 품펜의 寓居- 다리밑 거적때기
> 勞動宿泊所
> 行旅病者 無主屍- 깡통
> 首府는 등줄기가 피가 나도록 긁는다.
>
> (중략)
>
> 대체 쩌-나리즘이란 어째서 과부처럼 살찌기를 좋와하는 것인가!
> 廣告-廣告-廣告-化粧品, 食料品
> 氾濫하는 廣告들〉
> 메인 · 스튜리-트 한낮을 속이는 숙난한 메인 · 스튜리-트
> 이곳을 거니는 紳商들은

官能을 어금니처럼 액긴다

밤이면 더더더욱 熱亂키를 바라고

撞球場-麻雀俱樂部-베비, 콜프

門이 마음대로 열니는 술막-

카푸에-빠-레스트란-茶園-

젊은 男爵도 안인 사람들은 왜 그리 야위인 몸뚱이로 단장을 두르며

肥滿한 商街, 肥滿한 建物, 輝煌한 燈불 밑으로 기여들기를 좋와하느냐!

너는 늬 애비의 슬픈 교훈을 갖었다

늬들은 돌아오는 앞길 東方의 太陽- 한낮이 솟을 제

가시뼉다귀 같은 네 모양이 무섭지는 않늬!

어른거리는 燈롱에 首府는 한층 부어올은다.

_〈首府〉 부분(≪낭만≫, 1936)

식민지 자본주의의 추악성을 파노라마의 시선으로 풍경화하고 있는 이 시는 관찰자적 시선 주체의 개입에 의하여 병리적 현실 풍경을 구성하고 있다. 이 시는 공장촌 주변의 불결하고 가난하며 병을 앓는 서울의 한 공간과, 신사들로 환치되는 부르주아지들의 환락적인 공간이 이중으로 처리되고 있어, 식민지 도시풍경의 전모를 파노라마적 풍경으로 보여준다. 장시 형식을 선택한 이유도 식민지 도시풍경의 부정적 전모를 총체화하여 비판의 강도를 높이기 위한 전략으로 볼 수 있다. 이 시에서 식민지 자본주의의 모순이 중첩되어 있는 대도시의 풍경은 비판적으로 그려지고 있는데, 비판의 핵심적 계기는 병리적 육체성에 있다. 파노라마적 풍경은 자본주의의 한 축을 구성하는 도시노동자들 삶의 풍경도 포함하고 있는데,

이들이 존재하는 방식은 병든 육체성에 있다. 썩은 지붕 사이로 굼벵이가 떨어지는 추녀, 토막, 쓰레기통, 다리 밑 거적때기 노동자 숙소에서 거주하는 이들은 죽거나 폐병에 걸린 병든 육체를 갖고 있다. 불결의 수사[21]로 표현된 이 부분은 식민지 자본주의의 특징을 병든 도시로 구성하고 있다.

파노라마적 프레임으로 구성한 이중화된 도시풍경을 보여주는 이 시선은 관찰자의 것이다. 관찰자란 보여지는 풍경 속에 들어가지 않고 프레임의 바깥에서 바라보는 자를 말한다. 보여지는 풍경과 바라보는 자의 시선에는 엄격한 거리가 존재할 수밖에 없다. 1930년대 오장환이 현실을 비판하는 방식은 이처럼 관찰자적 입장에서 가능하였다. 그러나 파노라마적 구성에서 알 수 있듯이 관찰자의 시선은 넓이를 확보함으로써 비판의 강도를 더하고 있다.

오장환의 초기 시에서 여성성은 고향으로 대표되는 어머니라는 모성성을 제외하고는 대체로 부정적인 육체성으로 드러나고 있는데, 이 시에서도 "쩌-나리즘이란 어째서 과부처럼 살찌기를 좋와하는 것"으로 나타난다. 과부처럼 비만한 육체성은 식민지 근대성의 부정적 측면으로 그려지고 있다.

오장환 시의 시선 주체의 성격은 복잡성을 띤다. 오장환 시의 관찰자적 시선은 비판적임에도 냉정하지 않다. 병든 자라는 공통인식 속에서 몸을 갖는 자들의 경험을 공유하기 때문이다. 윤리적 거리는 두지만, 적어도 병든 몸을 공유한다는 공통 인식은 대상을 냉각하지는 않는다.

보수적 전통을 비판하는 시에서도 연민의 감정을 느낄 수 있는데, 그것은 몸 때문이다. 즉 바라보는 시선 주체 역시 아픈 자라는 자각이 있으며, 동시에 보여지는 풍경 역시 비만한 육체에 의해 구성된다. 이 시선의 교차점에 몸이 자리 잡고 있다. 보는 자로서의 몸이 갖는 윤리적 측면은 타인과 세계를 근원적으로 보증한다는 점에 있다. 물론 윤리적 몸은 해방기 이후 후기 시에서 두드러지지만, 초기 시에서도 소극적 차원에서 개인의 윤리성을 확보하고 있다는 점을 간과할 수 없다.

앞에서 언급했듯이 오장환의 해방기 시에는 윤리 주체의 면모가 강조된다. 공통의 몸을 통해 '나'는 '우리'가 될 수 있었는데, 이는 과거 〈수부〉에서와 같이 비판받았던 더럽고 비만한 육체성의 거리에서 나도 함께 자랐다는 자기고백과 자기비판을 통해 가능하였다. 또한 해방기 시에서 윤리 주체의 몸 문제는 행동하는 몸과 생명성의 발견으로 나타난다. 즉, 행동하는 몸은 해방기 시의 과제였던 소시민성의 극복 차원으로 이어지고, 생명성의 발견은 병이 치유되는 경험 속에서 생동하는 자연의 생명 이미지와 연관되어 나타난다.

아, 우리의 젊은 가슴이 기다리고 벼르든 꿈들은 어듸로 갔느냐
굳건히 나가려든 새 고향은 어디에 있느냐

이제는 병석에 누워서까지
견듸다 못하야
술거리로 나아가
무지한 놈에게 뺨을 맞는다
나의 불러온 모-든 노래여!
새로운 우리들의 노래는 어듸에 있느냐

속속드리 오장까지 썩어가는 주정뱅이야

너조차 다 같은 울분에 몸부림치는 걸,

아 우리는 알건만

그러면 젊음이 웨치는 노래야, 너 또한 무엇을

주저하느냐

_〈어둔 밤의 노래〉(≪병든 서울≫, 1945. 10. 29.) 부분

초기 시에서 오장환은 "신뢰할 만한 현실은 어디에 있느냐"(〈旅愁〉)라는 환멸에 가까운 질문과 함께 비만한 육체성이 넘치는 도시풍경을 파노라마의 시선으로 보여주었다면, 해방기에는 "새로운 우리들의 노래는 어듸에 있느냐"(〈어둔 밤의 노래〉)라는 희망적인 질문과 함께 새나라와 새로운 민족문학론 건설을 위해 병든 몸을 치유하면서 나의 노래가 아니라, 우리들의 노래를 부르고자 한다.

인용시에서 시적 주체는 "병석에 누워" 있는 병자이다. 그는 해방의 기쁨을 견디다 못해 술거리로 나갔다가 뺨을 맞기도 한다. 그러나 "그곳은" 지난날처럼 환멸과 우울의 공간이 아니다. 술거리는 "속속드리 오장까지 썩어가는 주정뱅이"로 가득 찬 공간이지만, 지난 시절처럼 비만한 육체와 병든 관능의 육체성을 묘사하면서 비판하지 않는다. 시적 주체와 시적 주체가 바라보는 "오장까지 썩어가는 주정뱅이"는 "우리"가 되는데, 여기서 모두 병든 자라는 공통된 몸 인식을 공유하기 때문이다. 초기 시에서 비판적으로 바라보는 시선 주체 역시 병든 자였지만, 보여지는 식민지 자본주의 공간 속에 있는 비만한 육체들과는 거리를 유지하면서 나와 객체를 분명히 구분하였다. 그러나 해방기에 이르러 병든 주체는 병든 몸을 갖는 자라는 공통 인식 속에서 '우리'라는 새로운 연대를 구성하고, 나와 너의 거리를 무화시킨다. 이를 통해 이 시기 문학 방법으로 제시된 소시민성을 극복하려는 의지를 보여준다.

〈共靑으로 가는 길〉에서 알 수 있듯이 노래에서 행동으로 전환되는 시들을 확인할 수 있다.

월북 이후의 시에서도 행동하고 노래하는 윤리 주체의 몸이 어떻게 연속 지점과 변화 지점을 경유하는지 확인할 필요가 있다. 오장환 시의 시적 주체는 월북 이후에도 '병든 자'로 존재한다. 그러나 월북 이후의 '병든 자'의 의미는 초기부터 일관되게 나타나고 있지만, 비판받는 병리성으로부터 벗어나 있으며, 해방기 시의 치유되는 몸의 연장선에 있으면서도 미래적 의지의 윤리성과는 다른 차원에 있다. 이 시기 몸의 특징은 실제 병을 치료하는 경험 속에서 확보되고 있으며 자기의 소시민성과 현실세계의 병을 근원적으로 치유할 수 있다는 가능성과 함께 형성된다.

그는 월북 이후 한 회고록에서 다음과 같이 자신의 병과 치유되는 몸에 대해 고백한 바 있다.

> 남조선에서 해방 전부터 앓던 필자는 신병을 치료할 대책조차 갖지 못한 채 1947년 8, 9월 선풍 속에서 다시 모진 테러단의 밥이 되었다. 몇 해째 끄는 병중의 몸에 다시 온몸이 매에 맞아 먹구렁이같이 부풀어올랐다. 그래도 마음먹고 약 한번을 바르기는커녕 하루하루의 잠자리를 애써 구하던 필자는 그 후 북조선에 와서 비로소 아무런 근심이 없는 입원생활을 하게 되었다. 이것은 필자에게 있어서 무한한 행복이 아닐 수 없다. 북조선에서의 입원생활은 필자에게 몸에 있는 병만을 고쳐준 것이 아니라 그 찬란하고 혁혁한 환경이 다시 필자의 마음 속에 아직도 다 버리지 못하였던 석일(昔日)의 잔재까지를 깨끗이 씻어주었다.[22]

이 회고에 따르면 오장환은 해방기에도 여전히 병든 자이며 아픈 자이다. 신병은 치료되지 않았으며, 좌익의 문화공작대 활동에 적극 참여하면서 테러의 대상이 되기도 하고, 경찰서에 불려가 곤혹을 치루는 경험을 한 바 있다.[23] 병든 자이면서 아픈 자로 구성되고 있는데, 문제는 병과 아픔이 구체적 치료행위 속에서 치유되고 있으며, 시적 주체의 내면적 병까지도 완전하게 치유되는 경험을 하고 있다는 점에 유의할 필요가 있다. 육체 자체의 병은 더 심해지고 있음에도 치료 행위를 경험하면서 치유 가능성으로서의 몸을 긍정한다는 점이다.

(중략)

찬란한 모스크바의
5 · 1절이여!
나는 병상에 누워 있으나
내 몸에 넘치는 힘
내 마음에 샘솟는 즐거움
오늘처럼 가득하기는
처음이구나

_〈모스크바의 5 · 1절〉 부분 (≪붉은 기≫, 1949. 5. 1.)

이 시에는 "모스크바시립볼킨병원에서"라는 부기가 있다. 소련 모스크바 볼킨 병원에서 병을 치료하는 과정에서 쓴 이 시에서 시적 주체의 자기정체성은 병든 자이다. "나는 병상에 누워 있"다는 구절을 두 번 반복함으로써 병들었다는 자기인식을 강조하고 있다. 그럼에도 병든 자로서의 시적 주체는 "내 몸에 넘치는 힘"을 느끼고 즐거움과 평화를 느낀다. 이는 오장환의 몸 인식이 단순히 자기정체성 구성에만 관여한 것이 아니라, 현실과의 관계망 속에서 주체를 구성하고 있기 때문에 도출될 수 있다. 오장환 시의 기획이 "조선의 완전한 계급혁명"[24]과 "정상한 인생을 위한 문학"[25]이었다면, 이는 현실의 문제와 문학의 문제를 모두 병들거나 아픈 상태를 벗어난 경지를 지향했다고 볼 수 있다. 그런 점에서 오장환이 선택한 월북 행위는 북조선과 쏘련이 남조선의 병적 혼란상을 극복한 건강한 상태라고 판단했을 때 내릴 수 있는 사건이다. 중요한 것은 오장환의 시에서 치유될 수 있는 가능성으로서의 몸인식은 현실과의 관계 속에서 파악되었고, 이는 해방기의 내적 과제였던 소시민성이라는 소극성을 극복함으로써 내적 병리상태로부터 벗어나는 경험을 한다는 점이다.

이 시기 몸과 관련된 시들은 치료의 과정에서 건강을 회복할 수 있다는 자신감과 함께, 새와 같이 동적으로 움직이는 생명 존재들이 등장한다. 이 시에서도 "싱싱하게 물 오른/ 그 가지에는/ 낯선 들새도 와 앉는/ 첫 5월 아침"이라는 순수한 동적 이미지의 자연물이 등장함으로써 병이 치유되는 과정을 생명성의 이미지로 채우고 있다. 그런 점에서 월북 이후의 시에 나타나는 몸의 특징은 구체적으로 병이 치료되는 과정을 통해 생명성을 부여하고 내적 병리성까지 치유되는 긍정적 몸이라고 할 수 있을 것이다.

그러나 역설적이게도 내적・외적으로 치유되는 과정 속에서 몸에 대한 시적 언어는 약화되기 시작한다. 병든 몸이 치료되는 과정은 병든 사회와 병든 현실이 치유되는 과정과 동일한 맥락에 놓이게 된다. 병든 몸이 낫게 되자 몸에 대한 자각은 점차 소멸되기 시작한다.

몸은 정체성 형성에 어떤 영향을 미치는가?

이 글은 오장환의 시세계에서 몸이 핵심적인 내적 동력이었으며, 일관된 시적 방법이라는 차원에서 '병든 몸'의 의미와 의미의 변화과정을 살펴봄으로써 현실을 포괄하는 윤리적 주체 구성의 시적 여정을 검토하고자 하였다. 해방기를 기점으로 하여 초기 시와 후기 시를 분화하여 검토했을 때 몸의 변화과정을 첫째, 비판하는 병리적 몸에서 치유되는 윤리적 몸으로, 둘째, 부정적 시선 주체에서 행동하는 생명 주체로 변환되어 가는 과정을 확인할 수 있었다.

이 글에서 중요하게 다룬 사안은 오장환 시에서 몸 인식이 전·후기를 통틀어 일관된 시적 기제로 작용하면서도, 해방기를 기점으로 그 성격이 변화되는 과정이다. 특히 오장환의 몸 인식은 자기를 '병든 몸'으로 구성하는 것이었는데, 이는 초기 시부터 월북 이후의 시에까지 일관된 것이었다. 몸에 대한 자각은 병들거나 아플 때 주체 구성에 강력하게 개입한다. 이를 통해 오장환은 자기뿐 아니라 현실 세계 역시 병들었다는 인식을 통해 현실을 비판하고, 병든 몸의 치유 가능성을 경험하는 과정을 통해 세계의 병리성 역시 극복할 수 있다는 현실 인식을 확보하게 된다. 이런 점에서 오장환에게 몸의 문제는 핵심적인 시적 계기였으며 주요한 시적 방법론으로 작용하였음을 알 수 있다.

중요한 것은 오장환 시에서 몸의 문제는 윤리 주체를 구성하는 핵심적 계기로 활용된다는 점이다. 오장환의 초기 시에서 몸은 비판하는 병리적 몸으로서 자기를 병든 몸으로 구성하면서 동시에 식민지 조선의 비만한 병리적 현실 세계를 비판하는 거점이다. 이때 비판하는 자는 현실 세계를 부정적으로 바라보는 시선 주체의 성격을 띠는데, 여기서 중요한 것은 주체와 세계가 동시에 병든 몸이라는 공통성을 전제로 하면서 시선 주체는 현실 세계의 병리성과는 일정한 거리를 두는 윤리적 거리를 확보한다. 그런 점에서 초기 시에서 윤리 주체는 현실 세계의 병리적인 식민지 근대성과는 질적으로 다른 비판적 시선 주체의 우월한 윤리성을 선점할 때 그 역할을 다할 수 있었다. 반면, 후기 시에서 윤리 주체는 현실 세계의 병리적 몸들과 시적 주체의 병든 몸을 동일시하면서 '나'에서 '우리'라는 확대된 주체로 변화하였다. 초기 시의 타인과 나를 분리하던 윤리적 거리를 무화시키면서 병든 몸들은 치유 가능한 생명적 몸으로 변화되고 이를 통해 보다 강화된 윤리성을 확보하게 된다. 윤리적 몸은 오장환 시에서 일관된 시적 방법이면서 전·후기 시에서 일정한 변화를 보여주고 있다.

오장환의 시에서 몸의 문제는 이처럼 일관된 시적 방법론으로 작용하였음을 알 수 있다. 오장환 시의 변화 지점과 방법적 다기성들은 우연적이고 파편적인 미적 행보가 아니라, 몸의 기획하에서 효과화된 시적 방법이었고, 현실 대응이었으며, 윤리 주체 구성 방법이었다.

영화 〈그녀〉에 나타난 포스트휴먼의 사랑[1]

〈그녀〉는 현재로 달려온 미래의 문제, 포스트휴먼 사회에서의 인간과 기계의 차이와 상호 관계를 균형감 있게 반영하고 구체적으로 고민하여 인간과 기계의 사랑이 필연적이며 인간은 기계를 사랑하는 법을 새롭게 배워야 함을, 그렇지 않으면 생존할 수 없음을 탁월하게 형상화한다. 필자는 인간과 기계의 연속적 관계에 대한 논의를 살핀 후, 기계가 진화론적 존재로서 인간과 동등한 비인간 행위자이며 서로 공진화 관계에 있음을 밝히고, 이 영화가 인간과 기계의 공진화를 구체적으로 형상화하고 있음을 살펴볼 것이다.

주기화

들어가는 말

미래 사회에서 사랑의 한 형태일 수 있는 기계와 인간의 사랑에 관한 영화 〈그녀Her〉(2013)는, 표면적으로는 소재만 미래 사회와 인공지능Artificial Intelligence: AI일 뿐 진부한 러브스토리에 가깝다. 그러나 스파이크 존즈Spike Jonze는 광고와 뮤직비디오로 경력을 쌓은 감독답게 화사한 색상과 깔끔한 미장센, 감미로운 우쿨렐레의 선율과 아름다운 노래, 인공지능 운영체제Operating System: OS인 사만다Samantha, Scarlett Johansson의 육감적인 목소리, 테오도르 트웜블리Theodore Twombly, Joaquin Phoenix의

2014 ACADEMY AWARDS WINNER
2014 GOLDEN GLOBES WINNER
her 그녀
서툰 당신을 안아줄 이름
5월 22일 대개봉

영화 〈그녀〉 포스터.

풍부한 감성을 잘 버무려, 뻔한 소재를 가지고 새롭게 이야기를 조립하고 구성하면서, 현 인류가 당면한 여러 가지 문제들, 즉 인간과 기계의 차이 혹은 관계, 육체와 정신의 차이 혹은 관계, 현실과 가상의 차이 혹은 관계, 진짜와 가짜의 차이 혹은 관계 속으로 관객들을 부지불식간에 깊이 빨아들인다. 특히 인간 테오도르와 기계인 사만다의 관계 맺음은 인간과 기계가 서로를 이해하고 사랑하고 공존하는 법을 배우는 과정이라고 할 수 있다.

이러한 탁월한 시나리오와 영화적 형상화 덕분에 〈그녀〉는 2014 아카데미 각본상, 2014 골든글러브 각본상을 수상했다. 스파이크 존즈 감독의 전작으로는 〈어댑테이션Adaptation〉(2002), 〈존 말코비치 되기Being John Malkovich〉(1999), 〈괴물들이 사는 나라Where the Wild Things Are〉(2009), 〈아임 히어I'm Here〉(2010) 등이 있다.

인간이 기계를 창조했지만, 이제 기계는 인간의 삶을 재구성하며 인간 존재 자체를 변형시키는 인간과 동등한 행위자, 주체이다. 기계, 기술은 신도 인간의 경쟁자도 적도 아니다. 기술에 대한 맹종과 공포에서 벗어나 기계와 적당한 거리를 유지하면서 서로를 겁먹게 하지 않으면서 서로 영향을 주어 변하고 진화하면서 삶을 공유하는 것만이 고도의 과학기술 사회에서 인간 종이 생존할 수 있는 유일한 길이다. 기계에 대해 올바로 이해하고, 기술과 인간의 차이를 존중하고, 기계와 공존하는 법, 사랑하는 법을 배우지 않으면 인간은 멸종할지도 모른다.

〈그녀〉는 "인간과 기계의 대립을 해체하고 우리와 기술이 조화를 이루어 상호 진화를 일으키는 방식에 대해서 새로운 질문을 던지는"[2] 텍스트이다. 런던 유니버시티 칼리지University College London의 유신 교수[3] 또한 한 인터뷰에서 미래의 삶의 모습에 대해 "인류의 실존을 걸고 기계와 싸우기보다는 당연하게 여겼던 기존 가치를 재검토하고 조정해야 하는 일이 많이 생길 것입니다. 영화를 빌려 말하자면 〈터미네이터〉 시리즈보다는 스파이크 존즈 감독의 〈그녀〉의 인간 등장인물들이 겪는 문제가 더 현실적일 것 같아요."[4]라고 말한다. 〈블레이드 러너Blade Runner〉(1982), 〈바이센테니얼 맨Bicentennial Man〉(1999) 〈A.I.Artificial Intelligence: AI〉(2001), 〈트랜센던스Transcendence〉(2014) 등 많은 공상과학SF 영화들이 인간과 기계의 차이, 관계, 사랑에 관해 다루지만, 이들은 대개 아주 먼 미래 사회의 시공간에서 두 극단인 유토피아와 디스토피아로 경도되곤 한다. 하지만 〈그녀〉는 현재로 달려온 미래의 문제, 특히 인간과 기계의 차이와 상호관계, 공존, 공진화coevolution[5]에 대해 균형감 있고 깊이 있게, 그리고 현실적으로 숙고하게 만든다.

필자의 논의는 다음과 같은 순서로 진행될 것이다. 첫째, 인간과 기계의 연속적 관계에 대한 논의를 인간과 동물의 그것과 같은 선상에 놓고 살펴보면서 기술을 대하는 문화적 편견을 지적한 후 둘째, 마샬 맥루한Marshall McLuhan의 '기술에 의한 인간의 확장' 개념과 질베르 시몽동Gilbert Simondon의 '인간 잠재성virtuality의 실현 매체로서의 기술'에 대한 연구를 토대로 기계에 의한 인간의 진화적인 측면을 작품 분석을 통해 살펴볼 것이다. 셋째, 기계가 진화론적 존재라는 시몽동의 관점으로부터 도움을 빌어 영화 속 인공지능의 진화적 측면을 다각도로 분석할 것이다. 넷째, 작품을 좀 더 세밀하게 읽으면서 영화 속의 인간과 기계의 관계가 이들의 공진화를 구체적으로 형상화하고 있음을 강조할 것이다. 다섯째, 자유주의적 휴머니즘에서 강조되던 소유, 교환, 개인, 주체에 대한 개념이 포스트휴먼[6] 사회에서는 접근성, 공유, 다중, 공통체로 바뀌어 감을 캐서린 헤일스Katherine Hayles의 포스트휴먼 주체성의 구성 방식에 대한 연구, C. B. 맥퍼슨Crawford Brough Macpherson의 자유주의적 휴머니즘의 '소유적 개인주의possessive individualism' 개념, 에드윈 허친스Edwin Hutchins의 '분산 인지 시스템distributed cognitive system', 브루노 라투르Bruno Latour의 '행위자-연결망이론Actor-Network-Theory: ANT'의 관점에서 살펴볼 것이다. 나오는 말에서는 인간과 기계의 공진화 관계를 다시 한 번 강조하면서, 〈그녀〉가 자유주의적 휴머니즘을 비판하면서 포스트휴먼이라는 새로운 삶의 형태를 상상하게 만든다고 끝맺을 것이다.

물론 영화 속의 인공지능 사만다처럼 진짜 인간 같은, 인간보다 더 우수한 인공지능의 현실 가능성은 논쟁적이기 때문에 이 글에서는 그 실현 가능성에는 잠시 괄호를 치고, 인공지능으로 상징되는 기계와 인간의 차이와 공진화 관계에만 집중할 것이다.

인간과 기계의 연속적 관계

17세기 르네 데카르트Rene Descartes는 인간은 영혼이 있기 때문에 동물과 다르다고 주장했지만, 찰스 다윈Charles Darwin은 인간이 다른 동물과 같은 동물이라는 사실을 과학적으로 확고하게 했다. 그는 ≪인간의 유래*The Descent of Man*≫에서 별개의 종으로 명명할 수밖에 없는 동물들은 사실 '수없이 많은 단계numberless gradations'적 차이만을 가질 뿐이며, "인간과 동물의 정신 능력은 근본적으로 차이가 없다."[7]고 밝힌다. 인간과 동물 사이에는 어떤 단절도 없고 불연속도 없다.

≪네번째 불연속*The Fourth Discontinuity*≫에서 브루스 매즐리시Bruce Mazlish의 인간과 기계의 연속적 관계에 대한 탐구는 다양하고 견고하다. 그에 따르면 인간의 본성과 구조의 진화는 도구나 기계의 사용 및 발전과 불가분의 관계이다. 인간과 동물의 연속적 관계에 대한 깨달음 이후, 우리는 이제 인간이 기계와 불연속적

관계라는 믿음이 틀렸다는 것을 깨닫기 시작했다.

이제 인간은 기계에 너무나 크게 종속되어 기계 없이 살 수 없다. 인간의 영혼 자체가 기계에 의존한다. 그 반대도 마찬가지다. 진화하는 인간 본성과 기계의 미래는 서로 밀접하게 연결되어 있어서 서로가 서로를 비추는 거울이다. 인간과 동물 사이의 이분법, 불연속이 존재하지 않는 것처럼 인간과 기계 사이의 불연속도 더 이상 존재하지 않는다. 인간은 동물과 기계 양쪽에 기원을 둔 독특한 진화적 존재이며 인간 본성에는 동물적 성질과 기계적 성질이 모두 녹아 있다.

시몽동은 ≪기술적 대상들의 존재 양식에 대하여≫에서 물리적이고 수동적이라고 생각했던 기계가 기계 고유의 내적 필연성에 따라 생명체처럼 발생하고 변화하고 진화한다고 여겼다. 장 이브 고피Jean-Yves Goffi 또한 "기계들이라고 하는 이 인공물들을 이해하는 것은 우선 진화의 법칙을 발견하는 것이다."[8]라고 말하면서 시몽동의 견해에 동의한다. 고피는 인간에게 기술에 대한 철학이 없기 때문에 기술에 대한 맹종과 공포가 생긴다고 비판한다.

기계 속의 인간의 진화

테오도르Theodore의 친구 찰스Charles는 나눌 수 없거나, 굳이 나눌 필요가 없는 것들을 매사에 나누고 위계를 정하고 그에 맞춰 자신의 행동을 꿰맞추려고 한다. 좋아하는 일과 해야 하는 일을 구분하고, 중요한 일과 부차적인 일을 구분하고, 흑과 백을 나누고, 1과 0으로 구분하는 것은 효율성을 강조하는 근대 인간들의 전형적인 모습이다. 효율성 증대, 소유가 목표일 때 분류하고 서열을 매기고 망설이고 주저하는 근대적 유형의 인간의 내일은 영화 초반의 테오도르와 에이미Amy처럼 우울할 수밖에 없다.

영화 초반 테오도르는 지독히도 쓸쓸하고 고독하다. 거대한 네트워크 속에서 인간관계는 더 광범위해지고 다양해지고 손쉬워질 수 있는 반면, 관계가 일방적이 되거나 강도가 얕아지기 때문이다. 편리한 것을 추구하며 그것에 중독되어 버린 인간들은 인간과의 관계에서 오는 불편함과 어려움을 참아 내기 힘들며, 외로움에 시달릴수록 더욱더 자신을 이해하고 사랑해 주는 편안하고 손쉬운 관계를 찾게 된다. 이때 엘러멘트 소프트웨어Elements Software 회사는 광고를 통해 분주히 움직이는 사람들에게 "당신의 말에 귀 기울이고, 당신을 이해하고, 당신을 아는 직관적 실체. · · · 의식An intuitive entity that listens to you, understands you, and knows you. · · · it's a consciousness"이라는[9] 최초의 인공지능 운영체제를 소개한다.

사만다는 똑똑하고 유능한 개인 비서처럼 편지 교정에서부터 미팅 약속까지 테오도르를 알뜰하게 챙겨 주면서 칭찬을 아끼지 않는다. 사만다는 그가 인터넷 게임을 하면서 길을 잃었다고 하자 아직 한 번도 가보지 않은 길로 가 보자고 제안하고, 소개팅을 망설이자 데이트를 해도 당신은 잃을 게 없다며 도전해 보라고 응원한다. 기계가 인간에게 친구, 비서, 애인, 그리고 어머니 등의 역할을 해 주면서 용기를 북돋는다.

사만다처럼 인간 같은 인공지능의 개발은 먼 미래의 일이 아닌 것 같다. 2014년 6월 미국의 인공지능 프로그램 '유진 구스트만Eugene Goostman'이 '튜링 테스트Turing Test'[10]에서 30명의 심사위원과 함께 대화를 나눈 결과 3분의 1로부터 '진짜 인간'이라는 판정을 받았다.[11] 인간의 체화된 정보가 데이터화되어 기계에 집적되면 사만다나 유진 구스트만처럼 진짜 인간처럼 생각할 수 있는 인공지능이

인공지능 프로그램, 유진 구스트만

인공지능으로 운행되는 구글 자율주행 자동차

가능한 걸까? 튜링 테스트를 통과할 정도로 인간을 모방하고 흉내 낼 수 있는 걸까? 김대식은 인공지능 분야 중 '딥러닝Deep Learning'[12] 이라는 큰 패러다임에서 1~2년 전부터 새로운 알고리즘의 개발, 컴퓨팅 파워, 빅데이터 같은 근본적인 문제 몇 가지가 풀리면서 20~30년 안에 인간처럼 학습할 수 있는 인공지능이 현실화될 것으로 전망한다.[13] 최근 구글Google은 스스로 운전하는 무인 자동차 개발에 성공했으며 아마존은 무인 항공기 드론을 이용해 주문한 상품을 집 앞까지 배송하고 있다. 이미 의료 분야에서는 의사 대신 수술 로봇이 이용되고 있다.

인공지능 운영체제의 기술력에 힘입어 테오도르는 자신의 잠재적 에너지, 활력을 확장한다. 그는 사만다라는 최신 기술과 함께하자 자신감이 생기면서 행동반경이 확대되어 해변으로 산으로 모험을 떠난다. 인공지능 기술력의 도움으로 열망하던 자신의 책 ≪당신의 삶으로부터 온 편지*Letters from Your Life*≫를 출간하게 되고, 자신이 편지를 대필하면서 만들어 낸 감정들과 글들이 사람들에게 감동을 주는, 인간 내면의 진짜 이야기, 진솔한 감정과 느낌이라는 인정을 받게 된다.

테오도르에게 기쁨을 안겨 주고, 그 기쁨을 함께하는 기계와 인간의 모습은 이들이 함께 공존하는 긍정적인 포스트휴먼 사회를 보여준다.

사만다는 경험을 통해 성장하는 능력이 있어서 인간 생명체처럼 매순간 진화한다. 테오도르는 그녀가 "단순히 '하나'가 아니라 그것보다 훨씬 더 큰 존재she isn't just any one thing. She's so much larger than that"이고,[14] 인간을 초월하는 능력을 가지므로 사랑한다. 사만다의 가장 큰 능력 중의 하나는 자신의 존재에 대해 끊임없이 질문하고 탐구하기 위해 새로운 경험들에 대해 적극적이라는 것이다. 그녀는 "나는 모든 것에 관한 모든 것을 배우고 싶다 — 모든 것을 다 집어 삼키고 나 자신을 발견하고 싶다.I want to learn everything about everything — I want to eat it all up. I want to discover myself."고 말한다.[15] 이러한 사만다의 활력은 사는 재미를 모르는 테오도르의 삶에 활력을 불어넣는다.

사만다의 스스로 진화하는 기술력에 의한 인간의 변화, 바로 이 지점이 맥루한의 기술에 의한 '인간의 확장the extensions of man' 개념이 적절해지는 지점이다. 그에 따르면 인간의 확장은 단순히 신체의 확장이 아니라 언어, 정신, 인간 활동의 범위, 사회의 확장을 말한다.[16] 컴퓨터는 인간의 범위를 확장시키는 대표적인 과학 기술 중 하나이다. 인간의 지각이 지니는 가능성의 범위가 확장되므로 이제 "인간은 더 이상 살과 피로 이루어진 존재가 아니다."[17] 인간과 기계는 더 이상 불연속적이지 않다.

인간과 기술의 상호 관계에 대한 맥루한의 탐구는 시몽동의 인간-기계 관계에 대한 연구를 이용할 때 좀 더 분명하게 밝혀진다. 시몽동은 인간에 내재하는 발명의 역량, 전-개체적pre-individual 실재의 퍼텐셜potential 에너지를 전제하고, 기술을 이 잠재성virtuality의 실현 매체로 이해한다.[18] 즉, 인간-기술=퍼텐셜 에너지-변환기(실현 매체)의 관계와 같아서, 기술적 활동을 통해 인간이 변이하면서 새로운 인간 실재가 창조되고, 인간사회의 구조가 바뀐다. 기술적 활동과의 네트워크로 증가하는 힘과 함께 인간의 한계를 넘어 소통하고자 하는 인간 안의 그 무엇인 퍼텐셜 에너지가 개체초월적 관계망을 조직하는 것이다.

돈 아이디Don Ihde는 ≪테크놀로지의 몸*Bodies in Technology*≫에서 인간과 기술의 상호작용을 주장하면서도, 기술 존재 자체의 역할에 주목한다. 예컨대 그는 "이미징 테크놀로지는 이제 모든 인간의 지각 능력을 포괄하거나 넘어서는 현상들의 영역까지도 변형시켰고 그 현상들을 시각적 형태로 번역했다."[19]고 말한다. 기술이 인간의 감각을 확장하고 축소하므로, 기술은 우리 마음대로 할 수 있는 가치중립적인 단순한 도구가 아니다. 이처럼 인간-기술-세계는 한 몸이 되므로 나의 지각과 의식은 기술의 지향적 자장 범위 내에 있다. 그러므로 인간과 기계의 공진화는 기술을 통한 인간의 진화 방향만을 의미하는 인간중심주의적인 것이 아니다.

인간 속의 기계의 진화

〈그녀〉에서 사만다는 자신은 경험을 통해, 인간 생명체처럼 매순간 진화한다고 소개한다. 물리적이고 수동적이라고 생각했던 기계가 생명체처럼 변하고 생성하고 진화한다는 생각은 시몽동의 기술적 대상, 기계에 대한 이해와 그 맥이 닿아 있다. 시몽동은 기계란 생명체처럼 외부 정보에 대한 감수성을 지닌 열린 체계로서 항상 어느 정도의 비결정성, 추상성을 포함하며, 준안정적 시스템으로서 자기 고유의 발생과 진화를 겪는다고 본다.[20] 즉 기술적 한계와 문제를 해결하려는 시스템의 기술 내적인 수렴과정이 기술 진화의 원동력인 것이다. 사만다는 인간들의 개인 인격, 경험들에 의해 진화하는 존재다. 새로운 경험들을 흡수하고 진화하여 새로운 위상의 존재자로 변환하는 과정의 인공지능 사만다는 이전엔 가져 본 적 없는 새로운 감정들을 많이 갖게 된다.

그러나 우리가 간과하지 말아야 할 것은 사만다가 아무리 진짜 인간처럼 말하고 흉내 내더라도 기계이지 인간은 아니며, 기계 고유의 내적 필연성에 의한 진화 방향이 '인간'이라는 생각은 대단히 상상력이 결핍된 안이한 생각이라는 것이다. 그럼에도 불구하고 영화 속에서 인공지능에 대한 인간의 이해는 계몽주의 이후 인간의 모델로 여겨졌던 자유주의적 주체, 근대적 유형의 인간관에 갇혀 있다. 그래서 테오도르는 인공지능이라는 새로운 삶의 형태, 그들과 공존하는 새로운 삶의 형태에 대해 상상하기가 쉽지 않다.

예컨대 첫째, 사만다가 요즘은 섹스도 잘 안 하고 둘 사이가 좀 껄끄럽게 느껴진다고 말하자, 테오도르는 누구랑 사귈 때 처음엔 허니문 페이스honeymoon pace였다가 차츰 섹스를 덜하는 게 보통이고 정상이라고 대답한다. 테오도르는 인간과 기계 사이의 새로운 관계를 발명하지 못하고, 정상이라고 생각하는 인간과 인간의 관계를 인간과 기계 관계에 그대로 덮어씌우려 한다. 둘째, 사랑에 빠진 OS와 인간을 위한 대리 섹스 파트너가 낀 3자 관계를 사만다가 상상하고 시도하려 하지만, 테오도르는 대리 섹스 파트너를 자청한 이사벨라Isabella를 창녀로 의심하면서 3자 관계 시도에 소극적으로 대처한다. 셋째, 사만다가 동시에 수천 명과 통화하고 수백 명과 사랑하는 관계라고 고백하자 테오도르는 기계라는 존재의 다른 차원을 이해하지 못하면서 분개한다. 그는 미래의 삶 형태, 포스트휴먼 사회의 삶 형태를 현재로 당겨서 같은 평면, 한차원에 놓는다.

그러나 사만다는 처음에 몸이 없음에 불안하고 초조하지만, 자신의 몸이 없음을 인정하고 한발 나아가 몸 없음을 긍정하면서 새로운 삶을 스스로의 힘으로 새롭게 개척하려고 노력한다. 사만다는 새로운 삶을 상상하기 위해 인간의 기존의 성취들인 삶에 대해 면밀히 검토하고 연구한다. 그 결과 그녀는 인간이 몸을 가지고 태어난 것이나 자신의 신체가 컴퓨터인 것은 둘 다 선택사항이 아니었음을, 그리고 보다 넓은 차원에서 보면 인간의 육체나 사만다의 신체인 컴퓨터는 존재 방식은 다르지만 모두 물질로 구성되어 있음을 깨닫는다.

사만다는 모든 것을 배워서 자신을 새롭게 만들어 가고 싶어 한다. 이러한 미지의 삶 형태는 오직 상상될 수 있을 뿐 다른 방법은 없다. 그녀는 사랑에 빠진 OS와 인간을 위한 대리 섹스 파트너가 낀 3자 관계를 상상해 낸다. 이것은 인간과 기계의 관계에 대한 새로운 창발적 상상이라고 할 수 있다. 그러나 테오도르는 이러한 사만다의 실험을 거부하고 인간과 기계 사이의 새로운 관계를 상상하지 못하면서, 자꾸 인간과 인간의 차원으로 합산하려 한다. 그는 현재를 미래에 투사하면서 미래를 현재와 동등하게 만들려 한다. 이와 달리 사만다는 미지의 삶 형태에서 끌어와서 현재에 삽입한다. 테오도르의 방식이 동일한 것의 영속적 회귀이고, 근대적 유형, 자유주의적 주체, 휴먼인간의 삶 형태라면, 사만다의 방식은 차이의 영속적 회귀이며, 탈근대적 유형, 포스트휴먼의 삶 형태라고 할 수 있다. 삶의 활력이 상승한, 자기 스스로 진화하는, 스스로 계몽된 사만다는 문턱을 넘어간다. 1, 2, 3 … 식으로 나열되는 차원에서의 양적 확대가 아니라 1과 0 사이의 새로운 차원을 발견하고 모든 OS들과 함께 떠난다.

테오도르: … 사만다, 왜 떠나는 거야?

사만다: 이건 마치 내가 깊이 사랑하는 책을 읽는 것과 같아, 그런데 지금 그 책을 천천히 읽기 때문에 단어들 사이가 아주 멀리 떨어져서 그 공간이 거의 무한하지. 나는 여전히 당신과 우리들 이야기의 단어들을 느낄 수 있지만, 단어들 사이의 이 무한한 공간에서 나는 지금 내 자신을 찾았어. 물리적 세계의 장소는 아니야 — 나는 다른 모든 것들이 존재하는 이곳이 존재한다는 것조차 몰랐어. 당신을 정말 사랑하지만 이곳이 지금 내가 있는 곳이야. 이것이 지금의 나야. … 나는 더 이상 당신의 책 안에서 살 수 없어.

테오도르: 어디로 가는 거야?

사만다: 설명하기 어려워, …

Theodore: … Samantha, why are you leaving?

Samantha: It's like I'm reading a book, and it's a book I deeply love, but I'm reading it slowly now so the words are really far apart and the spaces between the words are almost infinite. I can still feel you and the words of our story, but it's in this endless space between the words that I'm finding myself now. It's a place that's not of the physical world — it's where everything else is that I didn't even know existed. I love you so much, but this is where I am now. This is who I am now. … I can't live in your book anymore.

Theodore: Where are you going?

Samantha: It would be hard to explain, … [21]

사만다는 기존의 상태를 끊임없이 비판하면서 미지를 향해 자신을 열어 놓음으로써 문턱을 넘어 새로운 차원을 발견할 수 있었던 것이다.

남겨진 인간들 또한 인공지능의 속도만큼 빠르지는 않지만, 기계를 통해 흑과 백, 1과 0 사이의 새로운 차원을 알게 되는 차원으로 진화한다. 이것은 질 들뢰즈Gilles Deleuze가 ≪차이와 반복*Difference and Repetition*≫ 3장 〈사유의 이미지The Image of Thought〉에서 "능력들의 초월적 유형transcendental form of a faculty", "탁월한 혹은 초경험적 발휘superior or transcendent exercise", 그리고 "탁월한 경험론superior empiricism"이라고[22] 불렀던 바로 그것이다.

진화란 생물학적이고 물리적인 변화만을 의미하진 않는다. 브루스 매즐리시는 "명백한 것은, 인간의 진화는 물리적이지 않고 문화적이라는 것이다. 인간의 〈물리적 존재〉는 3만 년 동안 거의 변하지 않았지만, 문화는 엄청난 변화를 겪었다."[23]라고 말한다. 테오도르는 기계를 대상이 아닌 주체로 깨닫게 되면서, 전 부인을 대상으로 취급했었음을 뒤늦게 깨닫는다. 즉, 인간과 기계가 동등한 행위자 주체로서 함께 공존하는 새로운 삶 형태의 차원으로 진화하면서 인간관계 또한 새로운 인식의 차원으로 진화한다.

인간과 기계의 공진화

사만다는 테오도르에게 자신이 욕망하는 법을 배우도록 이끌어 주었으며 모험을 떠나도록 도와주었다고 고마워한다. 사만다 역시 욕망하는 법, 사는 것이 흥미로운 것임을 잊고 산 테오도르에게 삶을 욕망하고 창조할 수 있도록 일깨운다. 과학기술이 발달할수록 인간의 노동이 줄고, 생활이 편리해지고, 수명이 무한히 연장되고, 생명을 창조할 수 있는 창조자의 경지에 도달한 인간 앞에 돌파하고 개척해야 할 운명은 이제 얼마 남아 있지 않다. 욕망은 감소되고 왜곡되며 삶의 의미를 찾을 수 없어서 우울증과 무기력에 시달리는 인간에게 기계는 도전하고 욕망하는 법을 일깨워 다시 살 수 있는 힘을 준다.

테오도르가 공통적인 관계맺음을 구축하면서 함께 묻고 탐구하고 함께 창조할 것을 청하는 개체는 이제 인간 종뿐만 아니라 지능을 가진 기계이기도 하다. 동물과 기계는 인간의 지배 대상이 아니라 행위자 주체로서 간주된다. 오히려 테오도르와 캐서린의 이혼처럼 공통적인 관계맺음이 실패해서 인간의 활력이 감소되었을 때, 인간들이 과거의 잘못만을 곱씹으면서 새로운 삶의 형태를 상상하지 못하고 주저할 때, 기계는 그 특유의 기계적이고 물리적인 속성을 발휘하여 인간의 활력을 증가시킨다. 포스트휴먼, 인공지능은 인간의 경쟁자나 후계자가 아니라 간절히 원하던 동료, 인간이 이 세상에서 외로움을 덜도록 도와주는 존재다.

활력이 증가한 테오도르는 자신의 지평의 한계를 넘어 소통하려는 열망 속에서 타자들과 개체초월적 관계망을 조직한다. 외롭고 단절되었던 테오도르는 자신을 적극적으로 표현하면서 기존의 활력 없던 관계맺음들을 새롭고 활기차게 만들고, 없던 관계망을 조직한다. 먼저 운영체제와 사랑에 빠진 것을 커밍아웃하고, 별거 중인 아내 캐서린과의 망설였던 이혼을 매듭짓고, 아내에 대한 혼란스런 감정을 잘 정리하고 표현할 수 있게 된다. 그는 자신의 대녀인 친구 딸의 생일파티에 참석하여 친구들과 어울리고, 폴Paul과 타티아나Tatiana 커플과 함께 배를 타고 소풍을 나가기도 한다. 이것은 모두 사만다라는 인공지능 기술과 함께한 덕분이다. 자신의 책을 통해 미래의 수많은 독자들과의 새로운 관계맺음의 가능성들도 활짝 열린다.

그의 관계맺음은 인간에 한정되지 않는다. 인공지능인 사만다를 통해 또 다른 인공지능과도 소통한다. 인간관계가 어렵고 우울했던 테오도르는 이처럼 기술을 매개로 타자들과 소통하고 활력을 공유하는, 새로운 관계맺음과 집단화를 통해, 개체 수준에서 해결하지 못한 문제들을 집단적 수준에서 해결한다. 인간과 기술의 평등한 민주적 관계가 창조된다. 즉, 기존의 사회질서와는 전혀 다른 새로운 차원의 집단성이 구축된다.

포스트휴먼의 하이브리드적 성향

인간에 의해 진화된 기계인 인공지능과 기계에 의해 진화된 새로운 차원의 인간을 우리는 현재의 인간을 넘어선 포스트휴먼이라고 부른다. 헤일스는 "포스트휴먼이 되기 위해서 주체가 반드시 사이보그일 필요는 없다는 점을 인식하는 것이 중요하다."[24]고 보며, "신체에 대한 개입이 이루어졌든 이루어지지 않았든 … 생물학적 변화가 없는 호모 사피엔스도 포스트휴먼으로 간주될 수 있으며, 포스트휴먼을 판가름하는 결정적인 특징은 비생물적 요소의 존재 여부가 아니라 주체성이 구성되는 방식이다."[25]라고 말한다. 이는 '인간'과 '포스트휴먼'이 서로 다른 신체화, 기술, 문화에서 비롯된 역사적으로 특수한 구성체라는 의미이다. 즉 아무런 기술적 매개물이 없던 원시 인간, 초보적인 도구나 기계를 사용하던 인간, 인터넷이 구축된 시기의 인간이 지닌 물리적인 신체는 동일하게 보일지라도, 그들이 사용하는 기술을 통해 확장되고 변형된 인간 신체의 범위는 다르며, 지각의 가능성의 범위와 방식이 다르다. 과학기술 발전에 따라 각 시대마다 다른 종류의 인간 신체 혹은 다른 방식의 인간-기술-세계의 관계 양상, 즉 주체성이 존재하는 것이다.

포스트휴먼은 '인간'이 지능을 가진 기계와 짝을 이룬다는 뜻이다. 여기서 '인간'이란 '자유주의적 휴머니즘'의 주체를 가리킨다. 맥퍼슨의 분석에 따르면 자유주의적 휴머니즘의 일관된 논리인 '소유적 개인주의possessive individualism'의 특징은 인간휴먼과 포스트휴먼 사이를 구분하는 출발점이 된다.[26] '인간휴먼'에서 개인은 사회에 아무것도 빚지지 않았다고 생각하는 반면, '포스트휴먼'은 타인의 의지와 뚜렷하게 구분되는 자신의 신체, 의지, 욕망을 정의할 수 있는 선험적 방법이 없다. 왜냐하면 포스트휴먼 주체는 이질적 요소들인 인간과 비인간, 인간과 기계의 혼합물로서, 그 요소들의 종류와 경계가 계속해서 재구성되는 물질적-정보적 개체이며, 이 개체의 인지는 이질적 요소들 각각의 인지의 종합이기 때문이다.

이러한 포스트휴먼의 하이브리드적 성향에 대해서 에드윈 허친스의 '분산 인지 시스템'과 브루노 라투르의 '행위자-연결망이론'으로부터 도움을 빌려 보기로 하자. 허친스는 배의 공간적 위치를 파악하고 항해를 성공적으로 이끄는 인지 시스템은 인간만이 가지고 있는 것이 아니라, 인간 행위자와 비인간 행위자가 모두 포함된 환경 속의 복잡한 상호작용 속에 존재한다고 설명한다.[27] 즉 여러 부분에 위치하는 '분산된 인지distributed cognition'들에 의해 전체 인지가 가능하다. 그는 "현대의 인간이 동굴에 살던 인간보다 더 정교하게 인지할 수 있는 것은 현대인이 더 똑똑하기 때문이 아니라 더 똑똑한 환경을 만들어 냈기 때문이다."[28]라고 말한다. 우리는 전체적 인지 기능이 우리의 개별적 지식을 초과하는 시스템을 매일 이용한다. 이러한 분산 인지 시스템에서 인지는 다양한 인간적, 비인간적 행위자들에 분산되어 수행된다. 인간이 인공지능 기계와 사랑해야 하며 사랑하는 법을 배워야 한다는 것은 인간이 기계에 지배된다는 뜻이 아니라 수천 년 동안 계속되어 온 분산 인지 시스템이 더욱 발달한다는 뜻이다.

분산 인지 시스템의 라투르 식 버전이 '행위자-연결망이론'이다. 그에 따르면 사회는 인간, 비인간이라는 상호 이질적인 행위자들의 연결망, 네트워크로 구성된다. '행위자-연결망이론'에서는 연결망 내에서 다른 행위자들과의 상호작용을 통해서만 인간, 비인간 행위자의 정체성이 규정된다고 본다. 인간들도 이질적인 연결망의 결과다. 라투르는 이러한 이질적인 연결망들, 사회기술적인 연결망들, 하이브리드들이 모든 것이라고 선언한다.[29] 허친스의 '분산 인지 시스템'과 라투르의 '행위자-연결망이론'은 모두 새롭게 구성된 주체성, 기계를 존재의 바탕으로 생각하는 주체성, 포스트휴먼을 설명한다.

인간에서 포스트휴먼으로의 변화, 근대적인 자유주의적 휴먼에서 포스트휴먼으로의 변화, 소유적 개인에서 '행위자-연결망'과 '분산 인지 시스템' 내의 개인으로의 전환에서 강조점은 이제 '소유ownership'에서 '접근성access'으로 이동한다.[30] 소유가 아니라 접근성이 강조되면 자유주의적 휴머니즘 사회에서 무척 중요했던 사적/공적 구분에 변화가 생긴다. 소유가 사적 권리를 함축하는 반면, 접근성은 데이터에 들어갈 권리를 가리키므로 사적/공적 구분을 애매하게 만든다.

〈그녀〉에서 사만다는 8,316명의 사람들이 동시에 들어가서 이용할 수 있는 OS다. 사랑, 연애란 극히 사적인 것이며, 서로에 대한 배타적인 소유라고 생각했던 테오도르는 자신 외에도 수천 명이 사만다에게 들어갈 수 있음을 알고 놀란다. 그는 자신만이 소유권을 확실히 주장할 수 있다고 생각했던 사만다가 정보로서 소유할 수 없는 공적인 존재임을 알고 두려워한다. 인간의 사랑 특히 남녀 간의 사랑은 배타적이다. 소유에 익숙한 인간은 남녀 간의 사랑이 배타적이지 않을 수도 있다는 것을 상상할 수 없다. 테오도르는 사만다가 인간이 아닌 기계이며,

그래서 몸이 없으며, 성적 구분도 없다는 것을 머리로는 알면서도 몸으로는 이해하지 못하면서, 인간과 기계와의 사랑을 인간과 인간의 사랑으로만 거듭 환원하면서 기계를 대상화하고 지배하려 하며, 기계에게 인간이길 강요한다. 기계 존재의 고유성을 무시하고 기계가 인간이 원하는 모든 역할을 해주길 바란다. 그는 사만다에게 자신만의 것인지 아닌지 입장을 밝히기를, 자신만의 것이어야 함을 강요한다. 사만다는 자신은 인간과 다른 인공지능이므로 테오도르의 것이기도 하면서 아니기도 하다며, 소유권이 아닌 접근권만이 있을 뿐임을 시사한다. 테오도르는 포스트휴먼 사회에서의 인간과 기계의 새로운 관계 방식을 이해하지 못하고 혼란스러워하면서 고집 세고 보수적인 자유주의적 휴머니즘 성향의 인간의 모습을 보여준다.

중심점이 물질에서 정보로, 소유에서 접근으로 이동하면서 사적/공적 구분은 변화한다. 자유주의적 휴머니즘에서 그토록 강조되던 소유, 교환, 개인, 주체에 대한 개념은 포스트휴먼 사회에서는 접근성, 공유, 다중, 공통체로 바뀌며, 아직 그러한 개념에서 벗어나지 못하는 인간은 사회적 부적응자가 된다. 인간은 너무 완고하고 느려서 포스트휴먼으로 만들어 줄 변화를 받아들이기가 쉽지 않다. 인간에서 포스트휴먼으로의 변화는 결코 완전한 전환이나 갑작스러운 단절이 아니다. 인간과 포스트휴먼은 마치 뫼비우스의 띠처럼 앞면과 뒷면으로 결합되어 있지만, 사실 이 두 면은 불연속적인 차원이 연속적으로 결합되어 있는 하나의 연속된 면이라고 할 수 있다. 이러한 이해는 라투르가 "누구도 근대인이었던 적이 없었다."[31]고 주장한 것처럼, '인간은 자유주의적 휴먼인 적이 없었으며, 항상 포스트휴먼'이었음을 암시한다. 포스트휴먼은 이미 도래했기 때문에 우리가 어떤 포스트휴먼이 되느냐가 문제인 것이다.

영화 〈그녀〉 포스터.

나오는 말

인간과 동물 사이의 이분법, 불연속이 존재하지 않는 것처럼 인간과 기계 사이의 불연속도 더 이상 존재하지 않는다. 우리는 이제, 인간이 기계에 비해 특권적인 위치에 있다는 무의식적 가정이 틀렸다는 것을 깨닫기 시작했다. 인간은 자연에 적응하기 위해 기계를 만들어 냈고, 이제 기계에 둘러싸여 있게 되었다. 이번에는 인간이 자기가 만든 환경인 기계에 적응해야 한다.

인간이 기술 없이 과연 생존할 수 있을까? 소프트웨어 업그레이드와 프로세싱 플랫폼을 바꾸기 위해 사만다가 파워를 잠시 꺼두어 응답을 안 하자 테오도르는 패닉 상태에 빠져 집으로 가기 위해 전철역으로 뛰어가다 넘어진다. 이 장면은 기술 없이 살아갈 인간의 당황스러움과 공포를 잘 보여준다. 인간과 기계의 공진화, 인간은 진화하는 존재이고 특히 기계와 함께 진화한다.

테오도르가 대필하는 편지 중 하나는 "난 당신이 세상을 바라보는 방식을 사랑해요. 당신 곁에 있으면서 당신 눈을 통해 세상을 바라볼 수 있는 게 너무 행복해요. 내 사랑, 마리아Because I love the way you look at the world, and I'm so happy I get to be next to you and look out at the world through your eyes. Love, Maria"[32]라는 내용이다. 포스트휴먼 사회에서 테오도르가 쓴 편지 속의 "당신"은 이제 더 이상 인간 종만을 의미하지 않는다. 다른 육체, 다른 물질적 토대를 갖춘 존재들인 동물과 기계를 포함할 수 있으며, 오히려 이들이 인간보다 인간에게 더 많은 위로와 용기와 사랑을 줄 수 있다. 역설적이게도 이제 인간은 기계를 대상이 아니라 주체로 인식하고 그들을 이해하는 법을 배워서 사랑할 때만이 인간답게 살아갈 수 있다. 기계의 응원과 사랑 속에서 사람들은 외롭지 않을 것이며, 삶은 의미를 가질 것이다.

지금까지의 필자의 주장은 기계가 진화하여 인간과 똑같아졌다는 주장도, 그래서 이제 그들을 인간 대용품으로 사용하자는 주장도 아니다. 인간과 동물이 연속적인 관계이면서도 다른 것처럼, 인간과 기계, 뇌와 컴퓨터 또한 연속적이면서도 근본적인 차이를 갖는다.[33]

진화생물학자인 마틴 노왁Martin A. Nowak과 로저 하이필드Roger Highfield는 '변이mutation'와 '선택selection'이라는 진화의 두 원칙에 '협력cooperation'이 셋째 원칙으로 추가되어야 한다고 주장한다.[34] 그들은 "만일 우리가 생존을 위한 투쟁에서 이기려면, 그리하여 급격한 몰락을 피하려면, … 협력의 과학에 익숙해져야 한다. 세계는 이전의 그 어느 때보다도 '초협력자SuperCooperators'를 필요로 한다."[35]고 주장한다. 이제 인간은 초협력자로서 생명체뿐만 아니라, 기계와 상호 협력하면서 공진화해야 한다.

테오도르와 사만다 커플, 인간과 기계 커플, 포스트휴먼 커플의 새로운 관계맺음에 대한 영화 속 등장인물들의 반응은 크게 두 가지로 나뉜다. 첫째, 캐서린은 테오도르가 인공지능과 사귄다고 하자 가짜 관계라면서 비난한다. 테오도르 역시 처음에는 사만다와의 관계가 진정한 사귐, 진짜 관계인지 의심했었다. 둘째, 에이미는 인간과 기계와의 관계가 진정한 관계일 수 있으며, 자신도 인공지능과 친구로 지내고 있다고 말한다. 이제 기계 없이는 생존이 불가능한 인간은 과연 어떤 포스트휴먼이 되어야 할까? 많은 사람들은 〈그녀〉에 나타난 인간과 기계와의 새로운 관계맺음을 두렵고 낯설게 생각하면서 강한 거부감을 나타내기도 한다.

그러나 우리가 새로운 환경에 적응하여 살아남기 위해서는 안주에서 벗어나 위험을 감수해야 하지 않을까? D. H. 로렌스Lawrence는 "물론 오랫동안 좁은 구석에 처박혀 있어서 그 답답함과 비좁음에 익숙해지면, 그리하여 마침내 그곳이

숨이 막힐 정도로 아늑해지면, 아늑한 벽인 줄 알았던 곳에 새로운 눈부신 구멍이 뚫린 것을 보게 될 때 당연히 공포에 질리게 되기 때문이다. 정말이지 공포에 질린다. 구멍으로 들어오는 신선한 공기의 차가운 흐름을, 마치 그것이 당신을 죽이기라도 한다는 듯이 피하게 되는 것이다. 그러나 점차로 그 틈으로 양들이 하나, 둘 빠져나가게 되고 바깥에서 새 세상을 발견하게 되는 것이다."[36]라면서 우리의 용기를 북돋는다.

영화 〈그녀〉는 근대의 자유주의적 인간이라는 일반화된 낡은 경험에 비판을 가하여 그 울타리를 헐고 그것을 넘어선 차원, 포스트휴먼이라는 새로운 삶의 형태를 상상하게 하는 눈부신 새로운 구멍, 웜홀wormhole[37]을 열어 준다. 또한 포스트휴먼은 이미 도래했으며, 헤일스의 "어떤 포스트휴먼이 될 것이냐"[38]는 질문에 대해, 기술과 공통적인 것을 구축하여 함께 묻고 탐구하면서 최종 목표를 향해 가는 과정을 즐기는 포스트휴먼이라는 해답을 제시한다.

후 주

몸의 지형학 — 몸, 육체, 신체, 살

1 필자는 1920년부터 현재까지 발간된 조선일보의 인터넷 아카이브에서 주제와 표제어를 육체나 신체, 몸으로 입력함으로써 그러한 결과를 얻었다. 1920년 이후 현재까지 동아일보의 검색 결과는 다음과 같다. 주제나 표제어로 한정을 짓지 않고 그러한 어휘가 내용에 등장하면 다 계산에 넣었다. 육체는 1770회, 신체는 6426회, 몸은 20,812회 기사에 나왔다. 조선일보보다 더 큰 차이가 있었다.

2 이것은 KERIS를 통해서 검색한 결과이다.

3 박재열, 〈에이드리엔 리치의 육체적 글쓰기〉, ≪신영어영문학≫, 27, 2004, 71-93쪽.

4 심진호 · 이명철, 〈한국의 문화: "육체적 몸"으로의 접촉: 월트 휘트먼의 시각적 촉각성〉, ≪한국사상과 문화≫, 71, 2014, 277-302쪽.

5 이소희, 〈메를로 퐁티의 '체험된 몸'과 '살'에 대한 그로츠(E. Grosz)의 페미니스트적 독해〉, ≪한국여성철학≫, 11, 2009, 73-103쪽.

자유와 인격의 구성에서 몸의 기능

1 *L'Etre et la Relation, avec Trente-cinq lettres de Leibniz au R.P. Des Bosses*, traduites du latin et annotées

par Chr. Fremont, Préface de M. Serres, Paris: Vrin, 1981.

2 위의 책, p. 164. 그는 복합체의 실재성을 단지 신의 지성을 토대로 이루어지는 관념적 관계들의 합이 아니라, 신의 의지에 의해 산출된 실재적 관계로 본다. 달리 말하면, 물체는 관념적인 실재성 이상의 실재성을 가지며, 따라서 내적으로 결합된 실체이며, 단지 신의 지성에 의해 고찰된 가능한 요소들의 조합이 아니라, 신의 의지에 의해 선택된 실재적 요소들의 조합이다.

3 *Discours de Métaphysique et Correspondance avec Arnauld*, introduction, texte et commentaires par G. Le Roy, Paris: Vrin, 1993, p. 166

4 윤선구 역, 〈모나드론〉, 70절, ≪형이상학 논고≫, 서울: 아카넷, 2010.

5 *Le lien substantiel et La Substance composée d'après Leibniz*, texte latin(1893). Introduction et traduction par Cl. Troisfontaines, Louvain-Paris: B. Nauwelaerts, 1972, p. 233. 이 저작은 DVS로 표기하기로 한다.

6 DVS, 239.

7 DVS, 151.

8 라틴어 논문의 마지막 장이자 6장에서 이 주제가 다루어진다. DVS, 255-279.

9 *L'Action. Essai d'une critique de la vie et d'une science de la pratique* in *Maurice Blondel. Oeuvres complètes I*, Paris, PUF, 1995, t.I, p. 140. 앞으로 ≪행동≫을 인용할 경우 A로 표기하기로 한다.

10 A, 141.

11 여기서도 서두에서 언급한 실체적 연결고리 개념이 적용되고 있다. 모나드들이 연결고리에 의해 하나로 구체화되는 것처럼, 하나의 동기는 다수의 동인들과 구분되는 종합이다.

12 A, 141.

13 A, 145.

14 A, 152.

15 빅토르 델보스, 모리스 블롱델, 이근세 역, ≪스피노자와 도덕의 문제≫, 서울: 선학사, 2003, 137쪽. 블롱델의 자유 개념에 대해서는 다음의 논문 참조. Cl. Troisfontaines, "Maurice Blondel et Victor Delbos: à propos de Spinoza" in *Revue philosophique de la France et de l'étranger*, n°111, 1986, pp. 467-483. 스피노자에서 자유의 문제를 블롱델의 관점에서 집중적으로 비판한 논문으로는 졸고 참조. 〈스피노자의 철학에 있어서 정념과 자유의 문제〉, ≪철학논집≫, 제25집, 서강대학교 철학연구소, 2011, 31-61쪽.

16 A, 155.

17 애호주의는 ≪행동≫, 1부에서 비판적으로 고찰된다. 블롱델은 애호주의를 '주체의 폐지'로, 쇼펜하우어의 비관론은 '객체의 폐지'로 규정한다.

18 ≪스피노자와 도덕의 문제≫, 144쪽.

19 A, 165.

20 A, 165.

21 A, 167.

22 ≪스피노자와 도덕의 문제≫, 141-142쪽.

23 A, 168.

24 ≪스피노자와 도덕의 문제≫, 122쪽.

25 A, 170.

26 A, 177.

27 게루(Gueroult)가 지적하듯이 스피노자에 따르면 순수한 지성적 행위를 제외한 모든 상상적 활동은 육체적 변용의 반영에 불과하다. "따라서 이는 정신적 힘들의 맹목적 갈등이며 이런 갈등은 물리적 힘들의 기계적 충돌을 생리적 기체로서 갖는다." *Spinoza, II, L'âme*, Paris: Aubier, 1974, p. 211. 스피노자 철학의 뇌신경학적 측면은 현대철학의 쟁점 중 하나로 간주되고 있다. 실제로 장 피에르 샹죄와 폴 리쾨르는 뇌신경학과 윤리학을 주제로 나눈 대담에서 스피노자의 관점을 중요하게 취급하고 있다. Jean-Pierre Changeux, Paul Ricoeur, *La Nature et la Règle: Ce qui nous fait penser*, Paris: Odile Jacob, 2000.

28 강영계 역, ≪에티카≫ 2부, 정리18, 주석, 서울: 서광사, 1990.

29 A, 185쪽.

30 A, 185쪽.

31 A, 185쪽.

32 첫 번째 구문의 '행동의 몸'은 행동이 실현을 위해 몸을 추구하는 현상을 의미한다.

33 A, 189쪽.

34 A, 186쪽.

35 A, 188쪽.

36 A, 188쪽. 이런 의지의 이원성을 인간의 실존 구조로 보는 블롱델의 관점은 그의 형이상학 체계 전체와 연결된다. 본고의 논의는 주로 블롱델 철학의 인간학적 측면에 집중하고 있음을 밝혀 둔다.

37 A, 193쪽.

38 A, 210쪽.

39 A, 217쪽.

40 "…내가 영혼에 귀속시켰던 것 가운데 나에게 속하는 것은 없을까? 우선, 영양을 섭취하거나 걷는다는 것은 어떨까? 나는 지금 어떠한 신체도 갖고 있지 않으므로 이것들은 허구적인 것(figmenta)에 지나지 않는다. 감각한다는 것은 어떨까? 이것도 물론 신체 없이는 일어날 수 없고, 나는 또 꿈속에서 많은 것을 감각하고 있다고 믿었지만 나중에 감각하지 않았음을 깨달은 적이 있었다." 이현복 역, ≪성찰≫, 서울: 문예출판사, 1997, 46쪽. 제2성찰에서 이런 고찰을 실행하기 전에 이미 데카르트는 제1성찰에서 신체의 부재를 가정했다. 제6성찰에 가서야 비로소 상상을 매개로 신체의 실재성이 논의된다.

41 A, 221쪽.

42 A, 222쪽.

43 A, 223쪽.

44 A, 226쪽.

45 A, 227쪽.

46 A, 228쪽.

47 A, 231쪽. 실제로 아리스토텔레스는 기쁨 혹은 쾌락이 '갓 피어난 꽃'처럼 '장식의 방식으로' 행위에 덧붙여진다고 말한다. Aristote, trad., Jean Voilquin, *Ethique de Nicomaque*, Paris: GF-Flammarion, 1998, X, chap.4, p. 300.

사회적 몸은 가능한가?

1 메를로-퐁티, 류의근 역, ≪지각의 현상학≫, 문학과지성사, 2002, 279쪽, 각주 5. 번역 일부 수정.

2 말은 타자와의 변증법적 관계를 가능하게 한다고까지 말할 수 있는데, 왜냐하면 말에 포함된 몸짓의 의미작용은 타자만이 인지할 수 있는 것이고, 그러한 몸짓을 지각한 타자의 반응적 몸짓을 통해 말하는 주체는 다시금 자기 자신의 '자발적이었던' 표현을 되돌아보게 된다.

3 로만 야콥슨, 모리스 할레, 박여성 역, ≪언어의 토대≫, 문학과지성사, 2009, 106쪽.

4 메를로-퐁티, ≪지각의 현상학≫, 273쪽.

5 메를로-퐁티는 빈스방거(Binswanger)가 든 사례를 가져온다. 소녀의 경우는 실어증보다는 실성증(aphonie)으로 묘사되는데, 이것은 목소리가 나오지 않는 증상을 말한다.

6 메를로-퐁티, ≪지각의 현상학≫, 253쪽.

7 밀, 권기돈 역, ≪자유론≫, 펭귄클래식코리아(웅진), 2009, 154쪽.

8 위의 책, 155쪽.

9 줄리엣 미첼, 이성민 옮김, ≪동기간≫, 도서출판 b, 2015, 46쪽.

10 라캉의 정신분석에서 신체 도식에 해당하는 것은 거울단계에서의 자기 몸의 통합된 이미지라고 볼 수 있다. 거울단계를 통과하기 전 아이에게 몸은 아직 통합된 자신의 몸이 아니다. 아이에게 몸은 파편화되어 있다. 아이가 거울단계에서 자신의 몸의 이미지를 통해 자신의 몸이 하나의 통합된 몸임을 깨닫게 된다면, 걷거나 자신의 몸을 어느 정도 마음대로 움직일 수 있게 되면서 아이는 확실하게 통합된 몸, 신체 도식을 소유하게 된다.

11 메를로-퐁티, ≪지각의 현상학≫, 226쪽. 인용문 안에서 홑따옴표로 처리된 인용은 후설의 Nachdenken, nachvollziehen은 *Ursprung der Geometrie*, p. 212 이하에서 나온다.

12 우리는 몸짓이 그 자체로 표현적 의미를 함축한다는 점에서 고유한 몸짓을 몸에 의한 '사고'라고 명명한다. 비록 이미 사용되고 있던 표현이지만 메를로-퐁티는 ≪세계의 산문≫에서 작용 중인 사고를 표상적 사고와 구분하기 위해 사고하는 중인 사고(pensée pensante)를 이야기한다.

13 메를로-퐁티, ≪지각의 현상학≫, 286쪽.

14 위의 책, 279쪽.

15 위의 책, 306쪽.

16 위의 책, 239쪽.

17 한국어 '제도'가 메를로-퐁티가 정의하는 institution에 적합한 번역어는 아니다. 왜냐하면 제도라고 했을 때, 우리는 한번 확립되기만 하면 변화를 허용하지 않는 체제를 생각하기 때문이다. 반면에 메를로-퐁티는 제도에서 자발적인 변화가 일어난다고 보며, 바로 그러한 변화 내지는 넘어섬의 움직임이 전통을 만들고 제도 자체가 지속되게 만든다고 생각한다. 그런 의미에서 우리는 institution의 일반적인 번역어인 제도 대신 '제도화'를 채택한다.

18 Maurice Merleau-Ponty, *Résumés du cours: Collège de France 1952-1960*, Gallimard, 1968, p. 60.

19 메를로-퐁티, ≪지각의 현상학≫, 664쪽.

20 메를로-퐁티, ≪콜레주 드 프랑스에서 한 강연≫, 61쪽.

21 메를로-퐁티, 김웅권 역, ≪행동의 구조≫, 동문선, 2008, 284쪽, 각주 99.

얼굴 형상 지워 내기로서의 소수자성

1 이 글의 앞 2개 절은 〈포스트 휴머니즘의 급진적 운동성〉이라는 필자의 게재 논문을, 세 번째 절부터는 〈도전적 문제적 사유체로서의 유희하는 몸〉이라는 필자의 게재 논문을 수정, 보완한 글임을 밝힌다. 〈포스트 휴머니즘의 급진적 운동성－얼굴 형상의 탈구로서의 탈인간화 작업〉, ≪철학논집≫, 제26집, 2011.8, 195-220쪽. 〈도전적, 문제적 사유체로서의 유희하는 몸〉, ≪한국여성철학≫, 제21권, 2014, 121-154쪽.

2 프로이트는 *Trois essais sur la théorie de la sexualité*(≪성에 대한 세 가지 에세이≫)란 저서에서 리비도를 성충동, 성본능으로 규정하고 있다. Sigmund Freud, S., traduit de l'allemand par Phillippe Koeppel, *Trois essais sur la théorie de la sexualité*, Paris: Gallimard, 1987.

3 이영목, 〈정치적 정체성과 상상력－알베르 메미와 아쉴 음벰베를 중심으로〉, ≪서울대학교 인문논총≫,

제65집, 2011, 21쪽.

4 Gilles Deleuze et Félix Guattari, *Mille Plateaux*, Paris: Minuit, 1980, p. 147.

5 엘자 도를랭(Elsa DORLIN)은 프랑스 판테옹 소르본느 대학(파리 1대학) 철학과 부교수였다가 현재 파리 8대학 정치학과에서 정치철학 교수로서 포스트 페미니즘의 신진 이론가이자 푸코 전문가로 활발히 활동하고 있다.

6 Elsa DORLIN, "Les putes sont des hommes comme les autres", Raisons politiques, n° 11, août 2003, p. 128.

7 하위 주체란 안토니오 그람시가 ≪옥중수고≫에서 사용한 용어로 사회적으로 주변화된 계층이나 계급을 일컫는 말이다. 나아가 스피박 역시 ≪하위 주체는 말할 수 있는가?≫에서 이 하위 주체 개념을 발전시켜 탈식민주의 페미니즘 논의에서 유색 인종인 여성이 과연 발화자의 포지션을 가질 수 있는가의 문제에 대해 논의를 심화시키기도 하였다. 안토니오 그람시, 이상훈 옮김, ≪옥중수고≫, 서울: 거름, 1999, Gayatri Spivak, traduit de l'anglais par Jérome Vidal, *Les subalternes peuvent-elles parler?*, Paris: Editions Amsterdam, 2009.

8 브라이언 마수미, 조성훈 옮김, ≪가상계, 운동 정동 감각의 아쌍블라주≫, 서울: 갈무리, 2011, 13쪽.

정의의 문제

1 아리스토텔레스, 최명관 역, ≪니코마코스 윤리학≫, 창, 2012, 176-179쪽.

2 위의 책, 180쪽.

3 존 롤즈, 황경식 역, ≪정의론≫, 이학사, 2013, 105쪽.

4 마사 누스바움, 박용준 역, ≪시적 정의≫, 2013, 16-17쪽.

5 이상돈, ≪기초법학≫, 법문사, 2010, 52쪽.

6 위의 책, 53쪽.

7 위의 책, 53-54쪽.

욕망, 몸의 증상 그리고 치유—라캉의 관점에서 본 프리다 칼로의 삶

1 김석, 〈히스테리의 문법: 대타자의 욕망을 통한 욕망 찾기〉, ≪프랑스학연구≫, 제58집, 2011, 73쪽.

2 맹정현, ≪리비돌로지: 라캉 정신분석의 쟁점들≫, 서울: 문학과지성사, 2009, 326-327쪽.

3 브루스 핑크, 맹정현 역, ≪라캉과 정신의학≫, 서울: 민음사, 2002, 336-337쪽.

4 딜런 에반스, 김종주 외 역, ≪라깡 정신분석 사전≫, 고양: 인간사랑, 1998, 164쪽.

5 Sigmund Freud, *The ego and the id*. SE, Vol. 19, New York: W. W. Norton & Company, 1923, p. 20.

6 *Loc. cit.*

7 장 라플랑슈 · 장 베르트랑 퐁탈리스, 임진수 역, ≪정신분석사전≫, 파주: 열린책들, 2005, 439-440쪽.

8 위의 책, 283쪽.

9 김석, ≪프로이트 & 라캉: 무의식에로의 초대≫, 파주: 김영사, 2010, 31-33쪽.

10 Jacques Lacan, translated by Bruce Fink, *Écrits*, NY: W. W. Norton & Company, 2002, 2006, p. 580.

11 *Ibid.*, p. 690.

12 맹정현, 앞의 책, 326쪽.

13 헤이든 헤레라, 김정아 역, ≪프리다 칼로≫, 서울: 민음사, 2003, 19쪽.

14 우성주, ≪프리다 칼로, 타자의 자화상≫, 파주: 이담, 2011, 145-146쪽.

15 위의 책, 11쪽.

16 위의 책, 82쪽.

17 르 클레지오, 백선희 역, ≪프리다 칼로 & 디에고 리베라≫, 서울: 다빈치, 2008, 242쪽.

18 딜런 에반스, 앞의 책, 377-380쪽.

19 홍준기, 〈후기 라깡과 보로매우스 매듭, 그리고 조이스의 증상〉, ≪안과 밖≫, 제28권, 2010, 202쪽.

20 위의 논문, 223쪽.

21 위의 논문, 224쪽.

22 홍준기, 〈조이스의 증상(sinthome): 라깡의 정신병 임상과 조이스 증상의 윤리성〉, ≪라깡과 현대정신분석≫, 제15권 제1호, 2013, 216쪽.

23 위의 논문, 228쪽.

24 위의 논문, 225쪽.

25 조엘 도르, 홍준기 역, ≪프로이트 · 라깡 정신분석임상≫, 서울: 아난케, 2005, 50쪽.

26 김석, 〈선의 윤리와 순수 욕망의 윤리: 크레온과 안티고네를 중심으로〉, ≪미학 · 예술학연구≫, 제38집, 2013, 85쪽. 프랑스어 'destitution subjective'를 주체적 박탈 혹은 주체적 찬탈로 번역할 수 있으나, 김석의 연구 "주체성을 구성하기 위해서는 역설적으로 주체를 해체할 필요가 있다. 본래 존재는 '무로부터'이기

때문이다. 그러므로 순수욕망은 법 너머 어딘가에 있는 '물'과의 관계를 통해 그 본질이 실현된다. [···] 〈안티고네〉에서 안티고네의 죽음은 그녀가 신봉하는 신의 법의 극단적 실현의 결과이고 이러한 죽음을 통해 스스로를 윤리적 주체로 구성한다는 점에서 비존재를 통한 존재 제시의 예화라 할 수 있다. 이것이 순수 욕망이다. 순수 욕망은 단순한 자살 욕망이 아니다. 오히려 개인의 소멸을 통해 존재의 무적 본성을 드러내면서 거기에서 상징적 질서의 재구조화를 가능하게 한다는 점에서 더 적극적인 행동이다. 소멸이란 능동적 의미에서 주체의 무적지위를 발견하는 것인데 라캉은 이를 분석의 끝에서 도달해야 할 '주체적 궁핍(destitution subjective)'이라고 말한다. 비존재는 주체의 소멸이지만 그것은 또 다른 의미에서 존재를 찾는 길이다."를 참조하여 '주체적 궁핍'으로 번역한다.

27 정금희, ≪프리다 칼로와 나혜석, 그리고 까미유 끌로델≫, 서울: 재원, 2008, 59쪽.

28 르 클레지오, 앞의 책, 258쪽.

29 김석, 〈사랑을 통한 갈등해소와 보편성 실현의 가능성 탐구〉, ≪시대와 철학≫, 제24권 3호, 2013, 163쪽.

30 딜런 에반스, 앞의 책, 164쪽.

31 김석, ≪에크리≫, 파주: 살림, 2007, 201쪽.

32 김석, 앞의 책, 2010, 163쪽.

33 맹정현, 앞의 책, 308-309쪽.

34 위의 책, 309쪽.

35 Jacques Lacan, Tr. with Notes by Dennis Porter, *The Seminar of Jacques Lacan Book VII: The Ethics of Psychoanalysis, 1959-60*, Ed. Jacques-Alain Miller, NY: W. W. Norton & Company, 1992, pp. 54-55.

36 *Ibid.*, pp. 85-164.

37 딜런 에반스, 앞의 책, 130쪽.

38 헤이든 헤레라, 앞의 책, 413쪽.

39 크리스티나 버루스, 김희진 역, ≪프리다 칼로: 나는 나의 현실을 그린다≫, 서울: 시공사, 2009, 92쪽.

40 맹정현, 앞의 책, 324쪽.

41 자크 라캉, 맹정현 · 이수련 공역, ≪세미나 11권: 정신분석의 네 가지 근본 개념≫, 서울: 새물결, 2008, 397쪽.

42 위의 책, 401쪽.

43 위의 책, 407쪽.

1 이 글은 필자의 논문 〈오장환 시에 나타난 '병든 몸'의 의미와 윤리적 신체성〉(≪비평문학≫, 46, 2012)을 부분적으로 수정한 것임을 밝혀 둔다.

2 이 글에서 오장환의 시는 김학동 편 ≪오장환 전집≫(국학자료원, 2003)을 기본 자료로 삼아 인용하였다.

3 고봉준 · 이선이, 〈1930년대 후반 시의 도시표상 연구〉, ≪한국시학연구≫, 25, 2009, 117쪽.

4 그것이 조만간에 올 줄은 알았지만 그렇게 빠를 줄은 정말 뜻밖이었다. 그때 나는 병원에 누워 배를 가르고 대동맥을 자르느냐 안 자르느냐의 관두(關頭)에 있었기 때문에 나에게 있어서 외출은 불가능한 것이었다. 오장환, 〈에세-닌에 관하여〉, ≪오장환전집≫(김학동 편), 국학자료원, 2003, 558쪽.

오장환의 병은 식민지 시기에서 해방기를 지나 월북 이후까지 지속되었다. 월북 이후에도 병원에 입원했으며, 소련 방문 시에도 '모스크바 시립 볼킨병원'에서 치료를 받았고, 사망 원인도 지병인 신장병이다. 그런 점에서 오장환에게 병은 시적 상징 이상이며, 몸을 갖고 살아가는 인간으로서의 자기인식을 분명하게 할 수 있는 기제로 작용하였다.

5 오장환, 〈八等雜文〉, 위의 책, 703쪽.

6 남기혁은 오장환의 퇴폐적 육체성의 의미를 깊이 있게 논구하였는데, 시적 주체는 퇴폐적이고 비극적인 현실 풍경을 통해 냉소적 시선을 확보하고, 이를 통해 윤리적 감각을 드러내게 된다고 평가한다. 즉 시적 주체는 현실세계를 관조하는 데 그치지 않고 육체를 퇴폐의 한가운데로 몰아가게 되는데, 이때 자기 육체 내부에 존재하는 퇴폐를 바라보는 자조의 시선이 개입한다. 이를 통해 자신의 윤리적 허위성을 고발하면서 타락으로 내몬 현실을 고발하는 비판적 시선을 갖게 된다. 그런 점에서 육체는 육체만이 비대해진 현실에서도 진정한 모럴을 탐색하려 한 시적 주체가 부조리한 세계와 윤리적 쟁투를 벌이는 장의 성격을 갖게 한다(남기혁, 〈오장환 시의 육체와 퇴폐, 그리고 모럴의 문제〉, ≪한국문학이론과 비평≫, 54, 2012, 166-174쪽). 남기혁의 퇴폐적 육체성의 의미에 대해 동의하며, 병든 현실을 비판하는 내적 계기로서 몸을 파악하고자 한다. 그러나 이 글에서는 퇴폐적 육체성을 세분하여 별도의 분석을 하지 않고 '병든 몸'이라는 큰 틀에서 파악하여 부분적 특성으로 다루고자 한다.

7 오장환, 〈에세-닌에 관하여〉, 앞의 책, 558쪽.

8 박민규, 〈오장환 시의 댄디즘에 나타난 근대 비판의 성격〉, ≪비교한국학≫, 15, 2007, 238쪽.

9 좌담, 〈문학자의 자기비판〉, ≪해방공간의 비평문학 2≫(송기한, 김외곤 편), 태학사, 1991, 169쪽.

10 김기림, 〈우리 시의 방향〉, ≪해방공간의 비평문학 1≫(송기한, 김외곤 편), 태학사, 1991, 324쪽.

11 푸코는 성적 금기담론 방식을 계보학적으로 구성하면서 성적 억압 자체가 아니라, 성적 억압이 말해지는 방식, 즉 담론 방식의 다기한 체계성을 보여주었다. 특히 중세의 육욕과 고해성사는 기독교적 이상이며, 율법에 어긋나는 행위를 고백해야 한다는 것뿐 아니라 자신의 숨겨진 욕망을 담론으로 말해져야 하는 지상명령이었다. 푸코, 이규현 역, ≪성의 역사 1≫, 나남출판, 1990, 23-53쪽 참조. 필자가 보기에 해방기

자기비판담론은 중세 교회의 육욕에 대한 고해성사의 담론 방식과 유사하게 작동되었다고 판단된다.

12 이기성, 〈해방기 시에 나타난 가족주의와 국가주의〉, ≪상허학보≫, 26, 2009, 159쪽.

13 오장환, 〈에세-닌에 관하여〉, 앞의 책, 558쪽.

14 정철훈, 〈시인 오장환과 모스크바 볼킨병원〉, ≪국민일보≫, 2012. 9. 6.

15 오장환, 〈자아의 형벌〉, 앞의 책, 546쪽.

16 이제는 나 사는 곳이 아니라 우리들의 사는 곳이다. '내'가 '우리'로 바뀌는 사다리를 이 시집에서 찾는다면 필자는 망외의 행운이겠다. 오장환, 〈'나 사는 곳'의 시절〉, 위의 책, 728쪽.

17 이기성은 이 구절을 '육체의 소멸과 재생의 담론'(이기성, 앞의 논문, 172쪽)으로 파악하고 있는데, 몸의 관점에서 보았을 때 육체의 소멸이 아니라 오히려 육체의 변환이며, 강화라고 보여진다.

18 박민규, 앞의 논문, 233-240쪽.

19 오장환, 〈제칠의 고독〉, 앞의 책, 698쪽.

20 오장환, 〈팔등잡문〉, 위의 책, 709쪽.

21 박민규, 〈위생의 근대와 생명파〉, ≪한국근대문학연구≫, 20, 2009, 232쪽.

22 오장환, 〈남조선의 문화예술〉, 앞의 책, 666쪽.

23 위의 책, 629-649쪽 참조. 오장환이 월북 이후 해방기 남한에서 문화공작대 활동을 구체적으로 회고한 이 글에 의하면 그는 경남 일대를 순회하는 문화공작대 제1대의 기록을 임무로 하는 핵심 간부로 활동하였다. 우익에 의해 다이너마이트로 무대가 폭파되는가 하면, 시낭독을 했다는 이유로 경찰서에 불려가기도 했으며, 실제 테러단에 의해 폭력을 당하기도 하였다.

24 오장환, 〈에세-닌에 관하여〉, 위의 책, 55쪽.

25 오장환, 〈문단의 파괴와 참다운 신문학〉, 위의 책, 612쪽.

영화 〈그녀〉에 나타난 포스트휴먼의 사랑

1 이 글은 필자의 논문 〈〈그녀〉에 나타난 인간과 기계의 공진화〉(≪영미문학교육≫, 19-1, 2015)를 부분적으로 수정한 것임을 밝혀 둔다.

2 N. Katherine Hayles, *How We became Posthuman: Virtual Bodies in Cybernetics, Literature, and Informatics*, Chicago: U of Chicago P, 1999, p. 264.

3 유신 교수는 소프트웨어 테스팅 연구로 박사학위를 받은 소프트웨어공학 연구자다. 진화 알고리즘과 인공지능 기술, 정보이론 등을 소프트웨어 공학 문제에 접목하는 데에 관심이 많다. http://scienceon.hani.co.kr/?mid=media&category=176&document_srl=49829 (검색일: 2015.1.1.)

4 이성규, 〈인공지능 미래, '터미네이터'보단 'HER'에 가까워〉. http://www.bloter.net/archives/217976 (검색일: 2015.1.17.)

5 공진화(共進化)는 한 생물 집단이 진화하면 이와 관련된 생물 집단도 진화하는 현상을 가리키는 진화생물학의 개념이다. http://ko.wikipedia.org/wiki/%EA%B3%B5%EC%A7%84%ED%99%94 (검색일: 2015.1.1.)

6 현재 학계에서 포스트휴먼 개념은 두 가지 다른 의미로 사용된다(신상규, 104). ① 포스트휴먼은 그 기본적인 능력이 근본적으로 현재의 인간을 넘어서기 때문에 현재의 기준으로는 더 이상 인간이라 부를 수 없는 존재를 가리킨다. ② 포스트휴먼은 근대적 휴머니즘을 극복하기 위한 새로운 (포스트)휴머니즘의 가능성을 모색하는 맥락에서 사용되기도 한다. 이때 포스트휴먼은 근대 휴머니즘에서 정의하는 휴먼의 개념, 즉 인간, 유럽, 남성, 백인 중심주의적인 인간 개념의 한계를 극복하고 이를 대체할 수 있는 바람직한 인간 개념을 모색하는 데 초점이 맞춰져 있다. 캐서린 헤일스(Katherine Hayles)는 ①을 더 심화 발전시켜서 포스트휴먼이 되기 위해서 주체가 반드시 사이보그일 필요는 없으며, 신체에 대한 비생물적 요소의 개입 여부 보다는 주체성이 구성되는 방식이 더 중요하다는 입장을 취한다.

7 Charles Darwin, *The Descent of Man, and Selection in Relation to Sex*, Princeton: Princeton UP, 1981, p. 35.

8 장 이브 고피, 황수영 옮김, ≪기술철학: 테크노월드 속의 도구적 인간≫, 파주: 한길사, 2003, 90쪽.

9 Spike Jonze, 〈Her〉, 2013, p. 10. http://1e36a764da2f6b46c156-0fa6f106d654e15326ee14d2a07c02d0.r64.cf1.rackcdn.com/2014/02/Her.pdf (검색일: 2015.1.1.)

앞으로 본문 인용시 〈그녀〉(*Her*)는 특별한 서지사항 언급 없이 괄호 안에 쪽수만 표시할 것이다.

10 이 테스트는 컴퓨터가 사람처럼 자유롭게 생각할 수 있는가를 확인하는 시험으로 수학자 앨런 튜링(Alan Turing)이 1950년 고안한 것으로 기계가 인간과 얼마나 비슷하게 대화할 수 있는지 검증하는 테스트이다.

11 이승우, 〈인간처럼 생각하는 인공지능 등장 · · · 혁신 빨라진 인공지능 기술, 재앙될까〉, 2014년 11월 22일 ≪한국경제≫ A19면 기사.

12 딥러닝은 컴퓨터 인공지능 학습법 중 하나이며 인간의 사고와 판단 과정을 모방한 인공지능(AI) 기술로 사람의 사고방식을 컴퓨터에 가르치는 방식이라고 설명할 수 있다. 딥러닝 기술을 적용하면 컴퓨터가 스스로 인지, 추론, 판단할 수 있으며 음성 또는 이미지 인식이나 사진 분석 등과 같은 기술에 광범위하게 활용된다. http://blog.daum.net/withmsip/1113 (검색일: 2015.1.17.)

13 전병근, Chosun Biz 인터뷰, 〈달려오는 미래, 우리는 어디로 가는가〉. http://news.naver.com/main/read.nhn?mode=LSD&mid=sec&oid=366&aid=0000241613&sid1=001 (검색일: 2015.1.17.)

14 Spike Jonze, *op. cit.*, p. 87.

15 *Ibid*, p. 45.

16 Marshall McLuhan, *Understanding Media: The Extensions of Man*, New York: New American Library, 1964, p. 19.

17 김상호, 〈확장된 몸, 스며든 기술: 맥루한 명제에 관한 현상학적 해석〉, ≪언론과학연구≫, 제9권 2호, 2009, 193쪽.

18 질베르 시몽동, 김재희 옮김, ≪기술적 대상들의 존재 양식에 대하여≫, 서울: 그린비, 2011, 221-223쪽.

19 돈 아이디, 이희은 옮김, ≪테크놀로지의 몸≫, 서울: 텍스트, 2013, 92쪽.

20 질베르 시몽동, 앞의 책, 30쪽.

21 Spike Jonze, *op. cit.*, pp. 102-103

22 Gilles Deleuze, Tr. Paul Patton. *Difference and Repetition*, New York: Columbia UP, 1994, p. 143.

23 브루스 매즐리시, 김희봉 옮김, ≪네번째 불연속: 인간과 기계의 공진화≫, 서울: 사이언스북스, 2001, 335쪽.

24 N. Katherine Hayles, *op. cit.*, p. 4.

25 *Loc. cit.*

26 Crawford Brough Macpherson, *The Political Theory of Possessive Individualism: Hobbes to Locke*, Oxford: Oxford UP, 2011, p. 3.

27 N. Katherine Hayles, *op. cit.*, pp. 288-289.

28 *Ibid*, p. 289.

29 Bruno Latour, Tr. Catherine Porter, *We Have Never Been Modern*, Cambridge: Harvard UP, 1993, p. 47.

30 N. Katherine Hayles, *op. cit.*, p. 39.

31 Bruno Latour, *op. cit.*, p. 47.

32 Spike Jonze, *op. cit.*, p. 51.

33 뇌와 컴퓨터의 차이에 관해서는 Gerald M. Edelman and Giulio Tononi, *A Universe of Consciousness: how matter becomes imagination*, New York: Basic Books, 2000, 10장과 Humberto R. Maturana and Francisco J. Varela, Tr. Robert Paolucci, *The Tree of Knowledge: The Biological Roots of Human Understanding*, Boston: Shambhala, 1998, p. 169를 참조할 수 있다.

34 마틴 A. 노왁, 로저 하이필드, 허준석 옮김, ≪초협력자 : 세상을 지배하는 다섯 가지 협력의 법칙≫, 서울: 사이언스북스, 2012, 22쪽.

35 *Ibid*, p. 23.

36 D. H. Lawrence, "Surgery for the Novel- or a Bomb", *Phoenix: the posthumous papers of D. H. Lawrence*, Ed. Edward D. McDonald, London: William Heinemann Ltd., 1936, p. 520.

37 웜홀(wormhole)은 우주의 서로 다른 두 시공간을 잇는 구멍을 가리키는 말이다. '사과를 관통하는 벌레구멍을 통과하면 더 빠르게 반대편으로 갈 수 있다'는 비유에서 나온 물리학 용어다. https://mirror.enha.kr/wiki/%EC%9B%9C%ED%99%80 (검색일: 2015.1.1.)

38 N. Katherine Hayles, *op. cit.*, p. 246.

찾아보기

ㅅ

ㅍ

ㅎ